DURCH STARTEN

DEUTSCH TESTBUCH

FÜR DIE 8. SCHULSTUFE
4. KLASSE GYMNASIUM/HS/NMS

Verfasst von Ewald Cerwenka, Sandra Krenn und Helmut Schwabegger

Diesem Buch ist ein Lösungsheft zu den Übungen beigelegt.

Entspricht der Rechtschreibreform 2006.
Mit R gekennzeichnete Texte sind in alter Rechtschreibung abgefasst.

Bibliografische Information der Deutschen Bibliothek
Die Deutsche Bibliothek verzeichnet diese Publikation in der Deutschen Nationalbibliografie; detaillierte bibliografische Daten sind im Internet über http://dnb.ddb.de abrufbar.

Lektorat: Klaus Kopinitsch
Covergestaltung: Gottfried Moritz
Illustrationen: Helmut »Dino« Breneis
Satz: Anton Froschauer
Herstellung: Julia Bamberger
Gedruckt in Österreich auf umweltfreundlich hergestelltem Papier

1. Auflage 2010 ISBN: 978-3-7058-8587-5

INHALTSVERZEICHNIS

VORWORT

Liebe Schülerin, lieber Schüler!

Du möchtest dich in **Rechtschreibung**, **Grammatik** sowie in **Textkompetenz** (Lesen, Verstehen und Schreiben von Texten) verbessern? Du willst dabei Abwechslung und kompakte Übungseinheiten? Spaß und eine gewisse Herausforderung sollen auch nicht fehlen? Dann ist das Durchstarten Deutsch Testbuch genau das Richtige für dich. Mit dem Durchstarten Deutsch Testbuch kannst du gezielt testen, wie gut du schon in den zentralen Bereichen bist. Alles, was du in der 8. Schulstufe (4. Klasse Gymnasium/HS/NMS) können und wissen solltest, findest du hier in den gut überschaubaren Übungskapiteln Rechtschreibung, Grammatik sowie Textkompetenz.

Dazu gibt es motivierende Extras für dich:

- In der **Rechtschreibung** können deine Gehirnzellen bei schlauen **Tipps** noch einmal kurz Kraft tanken. Das heißt, du kannst testen und wiederholen zugleich.
- In der **Grammatik** helfen dir **kurzweilige Texte**, mit Sicherheit Spaß an der Sache zu haben.
- Beim Kapitel **Textkompetenz** kannst du Schritt für Schritt die wichtigsten Textsorten der Sekundarstufe I (5.–8. Schulstufe) wiederholen, selbst Texte verfassen und diese mit den Korrekturhilfen im Lösungsteil selbst beurteilen.
- Die Testeinheiten sind mit **Zeitempfehlungen** versehen. So kannst du deine Lernzeiten individuell einplanen.
- Mit dem **Lösungsheft** und dem **Punktesystem** kannst du selbst deine Leistung optimal einschätzen.
- Im Rahmen der sogenannten Standardüberprüfungen (ab 2013) werden die **Bildungsstandards** im Fach Deutsch getestet. Mit dem Durchstarten Deutsch Testbuch bist du dafür in den so genannten **Kompetenzbereichen Lesen**, **Schreiben** und **Sprachbewusstsein** optimal vorbereitet. Bei jedem Test ist angegeben, welche Kompetenzen (= Deskriptoren) dieser Test fördert. D31 zB bedeutet, dass im Kompetenzbereich Schreiben *„SchülerInnen Textadressaten und Schreibsituation berücksichtigen können"*.

  Eine vollständige Übersicht zu allen Kompetenzbereichen, die das Durchstarten Deutsch Testbuch abdeckt, findet sich am Ende des Buches.

Mit dem Durchstarten Deutsch Testbuch lernst du deine Stärken besser kennen und weißt, wo du noch zulegen kannst. Nimm die Herausforderung an und teste dich selbst! Du wirst sehen, wie viel Spaß das machen kann.

Viel Erfolg!
Die AutorInnen

TEST 1: Groß- und Kleinschreibung I

Testdauer: 15 min

Aufgabe 1: Groß oder klein? Kreise die 12 richtigen Schreibungen ein!

Chase schob sie zur seite/Seite, ohne sie dabei auch nur anzusehen. Er hob weder das Messer noch fügte er ihr sonst wie schaden/Schaden zu. Er ging einfach weiter. Kate heftete sich mit einem halben/Halben Schritt Abstand an seine Fersen.

Am hinteren ende/Ende des Hofes lehnte ein windschiefer Holzschuppen an einer Mauer. Die Tür war nur angelehnt und aus dem inneren/Inneren strömte der Schein einer einzelnen/Einzelnen Glühbirne durch den Spalt. Chase riss die Tür auf. Der erschrockene aufschrei/Aufschrei einer Frau durchbrach die stille/Stille.

Kate spähte ihm über die Schulter und entdeckte die Frau, die sie/Sie aus der Bar hatte kommen sehen. Sie war gerade/Gerade dabei, das Schloss ihres Fahrrades aufzusperren. Als sie den Mann sah, der mit dem messer/Messer in der Hand auf sie zukam, wich sie nach hinten/Hinten, bis eine Wand ihren Rückzug beendete.

(Brigitte Melzer: Dämonisches Tattoo. Wien: Otherworld. 2010. S. 308f.)

6 Punkte (12 x 0,5 P.)

Aufgabe 2: Groß- oder Kleinschreibung? Setze richtig ein!

1. __u willst dich wieder einmal vor der Verantwortung drücken! (d/D)
2. „Kann ich __hren Ausweis sehen?“, fragte die Beamtin. (i/I)
3. Zur __ot kann er da bestimmt etwas organisieren. (n/N)
4. Im Grunde hast du ja völlig __echt. (r/R)
5. Also ganz im __rnst, darauf legt sie großen Wert. (e/E)
6. Frag doch deinen Freund um __at, er verfügt über ein großes Wissen! (r/R)
7. Das Gesetz tritt mit 1. Jänner nächsten Jahres in __raft. (k/K)
8. Ich führe mir mal die Betriebsanleitung zu __emüte. (g/G)

8 Punkte (8 x 1 P.)

Aufgabe 3: Hier verstecken sich vier falsche Schreibungen. Finde und markiere sie!

Nachts	in der Nacht	am Montagmorgen	einmal
freitagabends	seit Gestern	das erste Mal	heute mittag
das nächste mal	der Freitagabend	ein andermal	eines Morgens

4 Punkte (4 x 1 P.)

TIPP

Nomen werden grundsätzlich großgeschrieben. Aber auch Wörter anderer Wortarten können als Nomen verwendet werden und werden dann großgeschrieben:
nichts Neues (Adjektiv), *lautes Rufen, zum Weinen* (Verb/Infinitiv), *jeder Einzelne, ein Viertel* (Zahlwörter), *das Seine* (Pronomen).
Generell: Wenn du dir einen Artikel davordenken kannst, ist großzuschreiben:
***das** Gute, **zum** (= zu dem) Kochen, **durch** (das) Springen.*
Beachte: *Es ist **zum** Heulen!* Aber: *Hör auf **zu** heulen!*

Aufgabe 4: Setze den Infinitiv richtig ein!

1. Der Anblick war zum ______________________ (WEINEN) schön.
2. Vor lauter Lachen vergaß sie völlig zu ______________________ (WEINEN).
3. Weiß doch ein jeder, dass man zum ______________________ (FISCHEN) eine Angel braucht!
4. Das kleine Tier machte sich mit einem schrillen ______________________ (PFEIFEN) bemerkbar.
5. Mit deinem ______________________ (WIPPEN) machst du mich etwas nervös.
6. Kannst du mal schnell ______________________ (KOMMEN)?
7. „Beim ______________________ (ESSEN) sollte man nicht schmatzen", sagte Opa.
8. „Jetzt lass mich doch in Ruhe ______________________ (SPIELEN), Nick!", schrie Ivo.
9. Lass das ______________________ (RAUCHEN) lieber gleich!
10. Sie verletzte sich beim ____ (HANDBALLSPIELEN).

5 Punkte (10 x 0,5 P.)

Aufgabe 5: Kreise die richtigen Buchstaben ein!

1. Jetzt hätten wir gerne etwas Kaltes zu t/Trinken!
2. Vor dem e/Einlegen des Toners das Gerät vom Netz nehmen!
3. In diesem Stück gab es nichts zu l/Lachen.
4. Möchtest du noch etwas zu e/Essen?
5. Gegen die Klimaerwärmung müssten mehr Leute etwas t/Tun.
6. Magst du das h/Haben, mein Kleiner?
7. Du hast wirklich Talent zum s/Schreiben.
8. Beim v/Vortragen von Texten zeigt sie ihre schauspielerische Begabung.

4 Punkte (8 x 0,5 P.)

Aufgabe 6: Setze die richtigen Buchstaben ein!

das ___este wäre es, …	ins ___ächerliche ziehen	etwas ___ettes sagen
am ___esten wäre es, …	sich ___ustig machen über	etwas ___etter sein

3 Punkte (6 x 0,5 P.)

28 bis 30 Punkte	➤	Sehr gut	20 bis 23 Punkte	➤	Befriedigend
24 bis 27 Punkte	➤	Gut	unter 20 Punkten	➤	Wiederhole den Test!

Gesamtpunktezahl

Kreuze an! **Groß- und Kleinschreibung I**	*Aufgabe*	☺	😐	☹
Ich beherrsche die Regeln für die Großschreibung von Nomen und zu Satzbeginn.	*1–3*			
Ich kann nominal gebrauchte Verben großschreiben.	*4–5*			
Ich kann nominal gebrauchte Adjektive großschreiben.	*6*			

Testdauer: 20 min

TEST 2: Groß- und Kleinschreibung II

4.G 3.2.
28.2. 4.C

Aufgabe 1: Setze die zehn fehlenden Wörter richtig ein. Schreib Nomen und Nominalisierungen groß!

PAAR IRGENDETWAS FRAGTE EINZELNE PLANETENSUCHE SCHREIBEN LEBEN SIE FRAGEN INTERESSANTESTE

„Und ist euch ______________ untergekommen, was Ähnlichkeit mit der Erde hat? Ein Planet, auf dem wir leben könnten?", ______________ Eric seinen Kollegen.

„Wir haben ein ______________ gefunden, die vielleicht, aber wirklich nur vielleicht, so etwas wie eine zweite Erde sein könnten. Aber unsere ______________ geht weiter."

„Vielen Dank, Sam", sagte Eric. „Und jetzt möchte ich, dass wir Georges ______________ beantworten, wir alle. Jeder ______________ von euch", fuhr er fort, während er Papier und Stifte austeilte, „darf bis zum Ende der Party ein oder zwei Seiten über das ______________, was seiner Meinung nach das ______________ an der Forschungsarbeit ist, die er macht. Wenn euch die Zeit nicht reicht, um damit fertig zu werden, könnt ihr ______________ mir später per Post oder E-Mail schicken."

Die Wissenschaftler schienen alle ganz beglückt. Sie berichteten für ihr ______________ gern über die interessantesten Aspekte ihrer Arbeit.

(Lucy und Stephen Hawking: Die unglaubliche Reise ins Universum. München: cbj. 2009. S. 37)

10 Punkte (10 x 1 P.)

TIPP

In manchen Fällen werden Nomen kleingeschrieben, weil sie die Funktion anderer Wortarten übernommen haben, zB: *Ich bin völlig* ***pleite*** *(spitze, wert ...). Es tut mir* ***leid*** *(eislaufen, kopfstehen). Es passierte* ***nachts*** *(anfangs, rechts ...). Es klappte* ***dank*** *deiner Hilfe (trotz, kraft). Hat er ein* ***bisschen*** *Zeit?*

Aufgabe 2: Setze folgende Wörter richtig ein!

1. Deine Party letztes Wochenende war einfach ______________ (SPITZE).
2. Nach der Niederlage konnte er seinen ______________ (TROTZ) leider nicht ablegen.
3. Wir sind dir zu großem ______________ (DANK) verpflichtet.
4. Seit dem Kinobesuch Freitagabend bin ich völlig ______________ (PLEITE).
5. Du hast hier nicht ganz ______________ (UNRECHT)!
6. Hast du ein ______________ (PAAR) Minuten für mich Zeit?
7. Sie war die ganze ______________ (ZEIT) unruhig.
8. Findet das Spiel überhaupt ______________ (STATT)?
9. Also ehrlich, es tut mir sehr ______________ (LEID)!
10. Das wirkt schon ein ______________ (BISSCHEN) unhöflich.

5 Punkte (10 x 0,5 P.)

Aufgabe 3: Unterstreiche die Infinitive und Adjektive, die großzuschreiben sind!

1. DIESE BANK LÄDT ZUM ENTSPANNTEN SITZEN EIN.
2. FÄLLT IHNEN DENN NICHTS BESSERES EIN?
3. VERWENDEN SIE BEIM LACKIEREN IMMER DIE SCHUTZMASKE!
4. FÜR UNERLAUBTES PARKEN MUSSTE ICH HEUTE FRÜH 20 EURO BEZAHLEN.
5. DU MUSST EINFACH DAS BESTE DARAUS MACHEN!
6. AUS FREUDE AM LAUFEN JOGGTE ER EIN PAAR STUNDEN DURCH DEN REGEN.
7. WIR KONNTEN IM LETZTEN URLAUB TÄGLICH NEUES ERLEBEN.
8. ICH WÜNSCHE MIR ETWAS SCHÖNES ZUM GEBURTSTAG.

4 Punkte (8 x 0,5 P.)

TIPP Sprach- und Farbbezeichnungen mit Präpositionen werden immer großgeschrieben, zB: ***auf** Spanisch, **auf** Englisch; **bei** Grün, **auf** Rot, **in** Gelb.*

Aufgabe 4: Entscheide, ob groß- oder kleinzuschreiben ist, und setze richtig ein!

1. Am besten ist es, wenn ___lt und ___ung miteinander im Gespräch bleiben. (a/A, j/J)
2. In diesem Mantel sieht er ziemlich ___lt aus. (a/A)
3. Als er in der Kreuzung war, schaltete die Ampel auf ___ot. (r/R)
4. Er tippte auf das ___ote Feld. (r/R)
5. Wir werden doch nicht ___lein beigeben, oder? (k/K)
6. Haben Sie das Modell auch in ___litzblau? (b/B)
7. Was heißt „lachen" auf ___ranzösisch? (f/F)
8. Das ist für mich nichts ___esonderes! (b/B)
9. Wir wünschen dir alles, alles ___ute! (g/G)

5 Punkte (10 x 0,5 P.)

Aufgabe 5: Höflichkeitsformen – kreise die sechs falschen Formen ein!

Sehr geehrter Herr Nachbar!
Letztens haben sie mich aufgefordert, ich solle meine Kinder darauf hinweisen, dass sie bei Ihrem Haus nicht so laut mit Ihren Rädern vorbeifahren. Ich habe inzwischen mit Ihnen darüber gesprochen und die beiden zeigen sich einsichtig. Sie werden in Zukunft vor Ihrem Fenster nur mehr einmal mit ihren Radglocken läuten. Ich hoffe sehr, ihnen damit geholfen zu haben. Grüßen sie mir Ihre Gattin! Sie darf auch in Zukunft die über den Zaun hängenden Früchte unseres Apfelbaumes pflücken!
ihr lieber Nachbar

6 Punkte (6 x 1 P.)

28 bis 30 Punkte	➤	Sehr gut	20 bis 23 Punkte	➤	Befriedigend
24 bis 27 Punkte	➤	Gut	unter 20 Punkten	➤	Wiederhole den Test!

Gesamtpunktezahl

Kreuze an! **Groß- und Kleinschreibung II**	*Aufgabe*	☺	😐	☹
Ich beherrsche die Kleinschreibung ehemaliger Nomen.	*1–2*			
Ich kann nominal gebrauchte Verben und Adjektive großschreiben.	*3–4*			
Ich kann die Höflichkeitsformen *Sie/Ihr* usw. richtig schreiben.	*5*			

TEST 3: Groß- und Kleinschreibung III

Testdauer: 20 min

Aufgabe 1: Groß oder klein? Setze richtig ein!

7 Punkte (14 x 0,5 P.)

In der Käserei bereiten die Molkerei- und KäsereifacharbeiterInnen zunächst die Milch vor, indem sie ___ie (s/S) einen Tag vor ___hrer (i/I) Verarbeitung reinigen und Milchsäurebakterien zugeben. Die so entstandene „Käsereimilch“ bringen sie durch ___brahmen (a/A) oder ___uffetten (a/A) mit einer Zentrifuge auf den gewünschten Fettgehalt. Im ___äsefertiger (k/K) mengen sie Lab bei, das die Milch gerinnen lässt. Dieses ___emisch (g/G) zerschneiden die Molkerei- und KäsereifacharbeiterInnen zu Körnchen, wodurch sich die ___rockenmasse (t/T) vom Wasser trennt. Der so entstandene „Käse-Bruch“ wurde früher mit einer Käseharfe ___ändisch (h/H) hergestellt. Heute erfolgt das ___ruchschneiden (b/B) im Käsefertiger, wobei die Molkerei- und KäsereifacharbeiterInnen die Bearbeitungsintensität steuern und kontrollieren. Durch ___ormen (f/F), ___enden (w/W) und ___ressen (p/P) wird die Molke maschinell ausgeschieden und der Käse gefestigt. Nach einer ___ehandlung (b/B) im Salzbad lassen die Molkerei- und KäsereifacharbeiterInnen den Käse im Gär- bzw. Lagerkeller ___eifen. (r/R)

(AMS-Berufslexikon: Molkerei- und Käsereifacharbeiterin/Molkerei- und Käsereifacharbeiter. Online unter: http://www.berufslexikon.at/lehre)

Aufgabe 2: Übertrage in Schreibschrift! (Punkte nur für vollständig richtige Schreibungen)

8 Punkte (8 x 1 P.)

NOCH EIN NIEMAND SEIN

VOR DEM NICHTS STEHEN

SICH EINIGES VORNEHMEN

EIN FREUDIGES AH

MIT ACH UND KRACH INS ZIEL KOMMEN

NOCH ETLICHES ZU TUN HABEN

DEN BEIDEN HELFEN

EIN JEDER

TIPP

Von Länder- und Städtenamen abgeleitete Adjektive auf ***-isch*** werden klein, auf ***-er*** hingegen großgeschrieben, zB:
chinesische Ente, bayrisches Bier; Tiroler Knödel, Linzer Torte

Aufgabe 3: Spezialitäten: Entscheide dich für den richtigen Anfangsbuchstaben!

4 Punkte (8 x 0,5 P.)

s/Schweizer Käsefondue • s/Steirischer Apfel • h/Hamburger Speck • b/Berliner Weiße • b/Böhmische Knödel • k/Kärntner Nudeln • u/Ungarisches Gulasch • w/Wiener Schnitzel

Aufgabe 4: Lust auf Zahlen? Setze richtig in Schreibschrift ein!*

1. Sie ist an die ____________________ (30) und sehr sportlich.
2. Das macht ____ (1530) Euro.
3. Wir sahen ____________________ (1000e) Fans im Stadion.
4. Komm in einer ____ (1/4 Stunde) wieder!
5. Nikolaus und Sophie treffen sich um ________________________________ (14.15 Uhr).
6. Nimm mir noch ein ____________________ (1/4) Kilo Butter mit, bitte!
7. Du bestellst noch eine ____________________ (1/2) Honigmilch? Musst du nicht heimgehen?
8. Warum hast du von der ____________________ (5) in Mathe nichts gesagt?

4 Punkte (8 x 0,5 P.)

TIPP Adjektive oder Partizipien, die zu einem vorangehenden oder folgenden Nomen gehören, sind kleinzuschreiben, obwohl es aussieht, als würden sie nominal (allein stehend mit Artikel!) verwendet, zB: *Sie ist **die lustigste** von allen meinen Freundinnen.* *Er hatte zwei Brüder. **Der jüngere** war fast einen Kopf größer als er.*

Aufgabe 5: Setze richtig ein!

1. Sie ist von allen Schülerinnen die ____________________________ (LUSTIGSTE).
2. Das ist das einzig ____________________________ (RICHTIGE), was du tun kannst!
3. Von allen Songs ist mir der ____________________________ (NÄCHSTE) am liebsten.
4. So viele Hosen! Und du musst dir wieder die ____________________ (TEUERSTE) aussuchen.
5. Jetzt gilt es, ____________________________________ (SCHNELL UND RICHTIG) zu handeln.
6. Er rief den ____________________________ (NÄCHSTEN) ins Zimmer.

3 Punkte (6 x 0,5 P.)

Aufgabe 6: Bestimmte Wortgruppen: Finde die vier falschen Schreibungen!*

das Römische Reich • Alexander der Große • der zweite Weltkrieg • die new yorker Modelagentur • das Tote Meer • das neue Jahr • aus dem Nahen Osten • die Heilige Schrift • der heilige Abend • das rote Kreuz • das g/Gelbe Trikot • der schiefe Turm von Pisa

4 Punkte (4 x 1 P.)

* Bei diesen Aufgaben darfst du auch das Wörterbuch verwenden!

28 bis 30 Punkte	➤	Sehr gut	20 bis 23 Punkte	➤	Befriedigend
24 bis 27 Punkte	➤	Gut	unter 20 Punkten	➤	Wiederhole den Test!

Gesamtpunktezahl

Kreuze an! **Groß- und Kleinschreibung III**	*Aufgabe*	☺	😐	☹
Ich beherrsche die Großschreibung von nominalisierten Wörtern.	*1*			
Ich kann nominal gebrauchte Pronomen und Zahlwörter richtig schreiben.	*2, 4*			
Ich kann Adjektive, abgeleitet von Länder- und Städtenamen oder in besonderer Verwendung, richtig schreiben.	*3, 5, 6*			

TEST 4: s-Schreibung I

Testdauer: 20 min

Aufgabe 1: s, ss oder ß? – Setze richtig ein! Beachte: Nach einem kurzen Vokal muss immer ss stehen!

6 Punkte (12 x 0,5 P.)

1. Wie hei___t dein neuer Hund?
2. Herau___en ist die Luft besser.
3. Bezahlen bitte bei der Ka___a!
4. Nimm dir dazu einen Me___becher!
5. Der Wagen ra___te um die Ecke.
6. Alle lieben die wei___e Pracht im Winter.
7. Sei doch nicht so bo___haft!
8. Wie kann das pa___ieren?
9. Das ist ein mä___ig cooler Spruch.
10. Wir kommen jetzt zum Schlu___.
11. Er war vom Schreien ganz hei___er.
12. Er wohnt auf Schlo___ Neugansstein.

Aufgabe 2: Singular/Plural: Setze in die jeweils andere Zahl!

6 Punkte (6 x 1 P.)

die Walnuss	►	die ___
der ___	►	die Schulbusse
das Zeugnis	►	die ___
das Erlebnis	►	die ___
das ___	►	die Schlösser
der Fluss	►	die ___

TIPP

Bei der Schreibung mit Großbuchstaben wird aus dem ***ß*** ein ***SS***, also zB:
***Straße* ► *STRASSE*.**
Beachte: Da es das ***ß*** nur in Österreich und Deutschland gibt, wird im internationalen Schriftverkehr (zB Internet) oft automatisch *„Strasse"* geschrieben. Das ist aber (außer in der Schweiz) ein Rechtschreibfehler!

Aufgabe 3: ss oder ß? Wie heißen folgende Wörter in Schreibschrift? Schreib sie auf!

6 Punkte (6 x 1 P.)

MASSLOS	DRAUSSEN	REISSVERSCHLUSS
___	___	___
BEWUSSTLOS	STRASSENSCHUHE	REISEBUSSE
___	___	___

Aufgabe 4: Bilde zum Nomen das jeweilige Verb!

Riss	ent__________	Rast	aus__________
Reise	ver__________	Fraß	auf__________
Stoß	ver__________	Fluss	ein__________
Schluss	ver__________	Gruß	(freundlich) __________

4 Punkte (8 x 0,5 P.)

Aufgabe 5: Setze das richtige Wort ein!

RINGSHERUM DAS SPASSIG DASS MEISTE BESSER SCHIESS IST ZUMINDEST VERSUCHEN

„Genau __________ glaube ich. Und die ausfindig zu machen wird __________ werden. Glenskehy hat nämlich rund vierhundert Einwohner, die Farmen __________ mitgezählt, und keiner von denen __________ bereit, mir bei der Eingrenzung möglicher Verdächtiger behilflich zu sein."

„Dabei könnte ich dir helfen", sagte ich. „Na ja, mit einem Profil. Ich kann's jedenfalls __________. Über Vandalen werden leider nicht so viele psychologische Daten gesammelt wie über Serienkiller, daher wird das __________ Spekulation sein, aber __________ gibt es ein halbwegs erkennbares Muster, so __________ ich dir ein paar Sachen sagen kann."

„Ich bin auch mit Spekulationen zufrieden", sagte Sam munter. Ich hörte Seiten rascheln, ein Knistern, als er das Telefon zwischen Ohr und Schulter klemmte, um __________ schreiben zu können. „Ich nehm alles, klar. __________ los."

(Tana French: Totengleich. Frankfurt/M.: Scherz. 2009. S. 330)

5 Punkte (10 x 0,5 P.)

Aufgabe 6: Ganz schön knifflig. Finde die drei falschen Schreibungen!

das Licht ausknipsen • die Pinsel auswaschen • um die Ecke saußen • in Saus und Braus leben • völlig ungeniesbare Äpfel • in Ruhe lassen • ganz besessen sein • extrem häßlich

3 Punkte (3 x 1 P.)

28 bis 30 Punkte	➤ Sehr gut		20 bis 23 Punkte	➤	Befriedigend
24 bis 27 Punkte	➤ Gut		unter 20 Punkten	➤	Wiederhole den Test!

30 Gesamtpunktezahl

Kreuze an! **s-Schreibung I**	*Aufgabe*	☺	😐	☹
Ich kenne die Hauptregel der s-Schreibung: ss immer nach kurzem Vokal.	*1–3*			
Ich kenne die Besonderheiten der s-Schreibung bei Großbuchstaben.	*4–5*			
Ich kann verwandte Wörter mit s/ss/ß richtig schreiben.	*6*			

Testdauer: 15 min

TEST 5: s-Schreibung II

Aufgabe 1: s, ss oder ß? Setze richtig ein!

6 Punkte (12 x 0,5 P.)

Der Kressdorf hat immer lachen mü___en, wenn die Leute ihn als Baulöwen bezeichnet haben. Sogar seine Frau hat manchmal zu ihm ge___agt: „Gut, dass ich damals nicht gewu___t habe, dass du so ein Baulöwe bi___t." Son___t hätte er bei ihr keine Chance gehabt, weil sie hat am Anfang geglaubt, mehr in die Richtung Architekt.[1]

Das hat den Kressdorf amü___iert, und der hat sich umgekehrt gedacht, gut, da___ sie damals nicht mitgekriegt hat, dass ich noch gar nichts gewe___en bin. Weil für die Rosensträu___e hat er noch jahrelang den Kredit abgezahlt. Für die Leute fängt ja der Baulöwe schon beim grö___eren Baumeister an. Wenn du heute dein erstes Einfamilienhaus auf die Wie___e gestellt hast und es bricht nicht schon am ersten Tag zu___ammen, sofort Baulöwe.

(Wolf Haas: Der Brenner und der liebe Gott. Hamburg: Hoffmann und Campe, 5. Auflage. 2009. S. 35)

[1] Wie du an diesem Satz bemerkst, schreibt der Autor seine Geschichte so, als würde er sie mündlich erzählen. Diesen Stil behält er in allen seinen Krimis bei.

Aufgabe 2: Finde die acht falschen Schreibungen!*

4 Punkte (8 x 0,5 P.)

Weißenrat	Inhaltsverzeichniss	Verlies	herumhopsen
Weinlese	weise Pisten	Fusfessel	Gießkanne
Verlust	Interessenkonflikt	Begrüssungscocktail	äusserlich
Gute Beserung!	rülpsen	Hülsenfrucht	rießenhaft

Aufgabe 3: Setze jeweils das richtige Wort ein!

8 Punkte (8 x 1 P.)

NIESEN FRISST GRAUST DRAUSSEN MASSE SCHLUSS RASANTE FLEISSIGE

1. Ich muss schon sagen: Sie ist eine sehr ____________________ Helferin!
2. ____________________ ist ein furchtbares Wetter! Bleiben wir lieber zu Hause.
3. Mir ____________ schon vor diesem Tag! Ich und die ganze liebe Verwandtschaft!
4. Unser Meerschweinchen Bärli ____________ mir schon aus der Hand.
5. Stell dir vor: Er musste im Theater ____________!
6. Steh nicht untätig herum: Sag mir die ____________ des Kastens!
7. Im Bereich Computertechnologie gibt es wirklich ____________________ Entwicklungen.
8. Wir kommen jetzt zum ____________, meine sehr geehrten Damen und Herren!

TIPP

Überprüfe deine Texte nach dem Schreiben kurz noch auf ***das/dass***. Überall dort, wo du mit ***dieses***, ***welches*** oder dem dialektalen [***des***] ersetzen kannst, muss ***das*** stehen.
Wo kein Ersatzwort möglich ist, gehört ***dass***.
Zum Beispiel: *Er meint,* ***das*** (oder: ***dieses***/[***des***]) *ist sehr billig. Ich weiß,* ***dass*** (kein Ersatz möglich!) *er recht hat.*

Aufgabe 4: *Dass* oder *das*? Kreuze die falschen Sätze an! Mach ein Häkchen, wo das richtige das(s) steht!

1. Heute kommt endlich das Paket, auf das ich schon so lange gewartet habe. ☐
2. Das du hier nichts unternommen hast, das ist wirklich ungeheuerlich! ☐
3. Sie wünscht sich, dass dieser Augenblick nie vergehen möchte. ☐
4. Er hat keinerlei Schuld daran, dass die Sache nicht geklappt hat. ☐
5. Es besteht kein Zweifel, das die Zeitung hier manipulativ berichtet. ☐
6. Wir haben noch immer die Hoffnung, dass ihr die Entscheidung überdenkt. ☐
7. Wie kommst du bloß darauf, das dass nicht stimmen könnte? ☐
8. Jetzt haben wir genau dass, was wir nicht wollten! ☐
9. Dass sie nicht die Wahrheit sagten, ist offensichtlich. ☐
10. Ich fürchte, das du hier falsch liegst. ☐

5 Punkte (10 x 0,5 P.)

Aufgabe 5: Verbformen mit s/ss/ß: Finde die vier falschen Formen!

las	biss	bliesest	schiesst
heißt	frass	misst	geküsst
floss	beweißt	nieste	goss
rast	stieß	lasstet	passierte

4 Punkte (4 x 1 P.)

Aufgabe 6: Schwierige Wörter: Streiche die drei falsch geschriebenen Wörter durch!*

boshaft • herausen • knausrig • Raffinesse • Preußen • Hornisse • Karoßerie • spießig • Meißel • Business • Rezession • Fassaden • Kassette • Insasen • Karussell • massiv

3 Punkte (3 x 1 P.)

* Bei diesen Aufgaben darfst du auch das Wörterbuch verwenden!

28 bis 30 Punkte	➤	Sehr gut	20 bis 23 Punkte	➤	Befriedigend
24 bis 27 Punkte	➤	Gut	unter 20 Punkten	➤	Wiederhole den Test!

Gesamtpunktezahl

Kreuze an! **s-Schreibung II**	*Aufgabe*	☺	😐	☹
Ich kann verwandte Wörter mit s/ss/ß richtig schreiben.	*1, 3, 5*			
Ich kann *das/dass* in Sätzen richtig verwenden und schreiben.	*4*			
Ich kann schwierige Wörter mit s/ss/ß richtig schreiben.	*2, 6*			

Testdauer:
20 min

TEST 6: s-Schreibung III

Aufgabe 1: Setze die zehn fehlenden Wörter richtig ein.

UNBEWUSST STIESS RIESE GRINSTE FLÜSSIGKEIT KANNST BEGEISTERUNG BISHER AUSBLASEN STRESS

Auf einen Schlag, als zerquetsche ein unsichtbarer ______________ sie mit der Hand, versanken sie im weingetränkten Boden des Pavillons. Und mit ihnen verflüchtigte sich auf unerklärliche Weise die rote ______________________.

Ich ____________ einen tiefen, keuchenden Seufzer der Erleichterung aus. Fast ___________________ drehte ich mich zu Damien um. „Danke, Wind. Du darfst gehen."

Er wollte die Kerze _________________, aber das war nicht nötig – ein winziger spielerischer Windstoß nahm es ihm ab. Damien _____________ mich an. Und dann wurden seine Augen rund und riesengroß. „Zoey! Dein Mal!"

„Was?" Ich hob die Hand an die Stirn. Es prickelte bis hinunter in Hals und Schultern. Klar, bei ________________ bekam ich immer Nacken- und Schulterschmerzen. ___________ hatte ich es nicht bemerkt, weil mein ganzer Körper noch von der Macht der Elemente vibrierte.

Damiens bestürzter Blick verwandelte sich in ____________________. „Schließ den Kreis weiter. Dann ______________ du immer noch in einen von Erins vielen Spiegeln schauen."

(Phyllis Christine und Kristin Cast: Gezeichnet. House of Night. Frankfurt/M.: Fischer Taschenbuch Verlag. 2009. S. 423)

10 Punkte
(10 x 1 P.)

Aufgabe 2: s, ss oder ß? Setze richtig ein!

Gu___to auf Süßes haben	ein Paar Bratwür___tel	den Fu___weg entlanggehen
ein Sto___ in die Rippen	der sü___liche Duft	der bei___ende Gestank
die trostlo___e Einsamkeit	durch die Ga___en laufen	die Auspuffga___e
das brem___ende Auto	von der Menge mitgeri___en	intere___ierte Zuhörerinnen

6 Punkte
(12 x 0,5 P.)

Aufgabe 3: Drei Wörter mit falschem s haben sich eingeschlichen. Finde sie!

mehrere Passagiere • grässliche Szenen • ein süßes Schoshündchen • preisbewusst kaufen • mit dem Geld prassen • jemanden bloßstellen • im allgemeinen Getöße • miese Laune • das pulsierende Nachtleben • das antike Mosaik • sich loßreißen • Grießschmarren

3 Punkte
(3 x 1 P.)

Aufgabe 4: *Dass* oder *das*? Kreuze die falschen Sätze an! Mach ein Häkchen, wo das richtige das(s) steht!

1. Dass du mir das antust, das verzeihe ich dir nie! ❑
2. Du musst das einsehen, dass hat einfach keinen Sinn mehr. ❑
3. Dass sei jetzt Mode, meinte sie nur knapp. ❑
4. Die Erkenntnis, dass die Grenzen des Wachstums erreicht sind, ist bitter. ❑
5. Deine Angst, dass könnte vielleicht schiefgehen, ist völlig unbegründet. ❑
6. Wo ist das Modellauto, das du mir zu Ostern geschenkt hast, Papa? ❑
7. Das du mir ja von diesem Gehege wegbleibst! ❑
8. Wir wollen uns lieben, bis dass der Tod uns scheidet. ❑
9. Der Kommissar merkte natürlich, dass hier etwas falsch lief. ❑
10. Das du mir zu Hilfe gekommen bist, das finde ich echt toll. ❑

5 Punkte (10 x 0,5 P.)

TIPP Bestimmte Endungen mit *-s-* sind typisch für Wörter aus anderen Sprachen, zB für Nomen: ***-sion***, ***-ess***, ***-esse***, ***-ist(in)***, ***-ismus***, ***-ose***; für Adjektive: ***-ös***, ***-siv*** und für Verben: ***-sieren***.

Aufgabe 5: s-Schreibung bei Fremdwörtern: Kein Problem für dich, oder?*

ziemlich nervö____ sein	eine Musik, die richtig elektri____iert
jemanden hypnoti____ieren können	der historische Soziali____mus
eine explo____ive Mischung	von großem Intere____e
eine neue Dimen____ion	ein gutes Rhythmu____gefühl

4 Punkte (8 x 0,5 P.)

Aufgabe 6: Eine wirkung-s-lose Geschichte – leider mit vier falschen Schreibungen. Findest du sie?*

Pessimistische Zeitgenossen werden manchmal richtig aggressiv, wenn man sie zur Analyße und zur Diskusion ihrer tristen Prognose veranlasst. Schnell müssten sie sich nämlich eingestehen, dass es manch Positives und Kurioses in ihrem Leben gibt, das absolut nicht strapaziöß oder stressig ist. Lieber blenden sie das aus und bleiben ihrer Depresion oder Neurose treu …

2 Punkte (4 x 0,5 P.)

* Bei diesen Aufgaben darfst du auch das Wörterbuch verwenden!

28 bis 30 Punkte	➤	Sehr gut	20 bis 23 Punkte	➤	Befriedigend
24 bis 27 Punkte	➤	Gut	unter 20 Punkten	➤	Wiederhole den Test!

Gesamt-punktezahl

Kreuze an! **s-Schreibung III**	*Aufgabe*	☺	😐	☹
Ich beherrsche die Hauptregel der s-Schreibung: ss immer nach kurzem Vokal.	*1–2*			
Ich kann *das/dass* in Sätzen richtig verwenden und schreiben.	*4*			
Ich kann schwierige Wörter mit s/ss/ß richtig schreiben.	*3, 5, 6*			

Testdauer: 15 min

TEST 7: Lange Vokale I

Aufgabe 1: Setze die zehn fehlenden Wörter ein!

SCHWERKRAFT ZAHLREICHEN NACHWIES JAHRZEHNTE GESCHICHTE RELATIV BEWEGEN SCHLIESSLICH GRÖSSE FERNROHR

Die Reise durch die ____________________ des menschlichen Denkens

Für die alten Griechen war die Erde der Mittelpunkt des Universums und dann gab es ____________________ nah die Planeten, die Sonne und die Sterne. Dieses geozentrische (*geos* = Erde) Weltbild wurde im 16. Jahrhundert zerstört, als Kopernikus ____________________, dass sich die Erde und andere Planeten um die Sonne ____________________. Allerdings hatte dieses heliozentrische (*helios* = Sonne) Weltbild nicht sehr lange Bestand. Einige ________________ später konnte Galilei mit einem selbst gebauten ____________________ nachweisen, dass die Milchstraße, die man damals nur als Lichterband am Himmel kannte, aus ______________________ Sternen wie der Sonne besteht. Durch diese Entdeckung verringerte sich nicht nur der Stellenwert der Sonne, auch die ___________________ des bekannten Universums erweiterte sich ganz ungeheuerlich.

Im 18. Jahrhundert setzte sich _______________________ die moderne Vorstellung von der Milchstraße als Sternenscheibe – als Galaxie – durch, die von der _______________________ zusammengehalten wird.

(Lucy und Stephen Hawking: Die unglaubliche Reise ins Universum. München: cbj. 2009. S. 67f.)

10 Punkte (10 x 1 P.)

Aufgabe 2: Lange Vokale. Setze richtig ein!

I. „Das hab ich d___r doch so oft gesagt: Hätte ich so gefaulenzt wie du, als ich jung war, wäre ich nie zu dem Verm___gen gekommen, das ich heute habe!", schimpft der Vater mit seinem S___n.

„Aber das hast du doch von Tante Rosemar___ geerbt!", verteidigt sich selbstbewusst der Sohn.

„Schon, aber was glaubst du, was das für eine Arbeit war, sie dav___n zu überzeugen, dass sie mich ins Testament einsetzt!"

II. Auf dem Gemeindeamt spricht ein Mann vor: „Guten T___g! Ich möchte gern eine Namensänderung beantr___gen!" – „Und wie heißen Sie?"

„Mein N___me ist Brenz!" – „Das ist doch ein ganz norm___ler Name."

„Schon, schon! Aber wenn ich telefon___re und mich mit ‚Hier Brenz!' melde, kommt jedes M___l die Feuerwehr anger___st!"

6 Punkte (12 x 0,5 P.)

Aufgabe 3: In jeder Spalte findet sich eine falsche Schreibung. Kreuze sie an!

Pistohle		vergrämen		Eistüte		Speiseöl	
schnüren		Garderobenhaken		tun		sähen	
abholen		Schwur		persöhnlich		Tomaten	
Hörgerät		Fahrspuhr		Krone		Spülmittel	

4 Punkte (4 x 1 P.)

Aufgabe 4: Kennst du folgende Wörter? Schreib sie richtig auf!

spie/auf/ßen	hö/Zu/re/rin
vier/Kla/ten/no	Ein/keit/sam
fen/of/bar	schlag/Schick/sals

3 Punkte (6 x 0,5 P.)

TIPP
Lange Vokale können verdoppelt sein (*aa, oo, ee*): ***Saal*** (aber ***Säle***!), ***Moos***, ***Tee***.
Bei gewissen Wortstämmen findet sich ein **Dehnungs-h**: *fahren, zahlen* …
Für das lange i steht in deutschen Wörtern meist **ie**: *nie, Knie* …
Ausnahmen sind: *mir, dir, wir; ihnen, ihm, ihn; Vieh, lieh, stiehlt* …

Aufgabe 5: Schwierige Wörter? Nicht für dich! Setze richtig ein!

Peter: „Halten wir doch hier an! Ich möchte unbedingt ein p___r („a") Souven___rs („i") kaufen!"

Elisabeth: „T___t („u") mir leid, aber zur Mittagszeit r___t („u") hier alles. Alle L___den („ä") sind geschlossen, alle Masch___nen („i") stehen still. Am besten, wir legen uns ein wenig an den Strand und erh___len („o") uns von der F___rt!" („a")

4 Punkte (8 x 0,5 P.)

Aufgabe 6: Tierbezeichnungen: Finde die zwei falschen Schreibungen!

Möwe • Tieger • Vieh • Känguru • Schwahn • Reh • Floh • Kater • Meerschweinchen • Ziege

2 Punkte (2 x 1 P.)

Aufgabe 7: Einen Punkt kannst du dir noch holen. Welches Wort ist falsch?

leer	Moos	Orchidee	Jeep	Armee
Püree	ein paar	Barkeeper	Allee	Moschee
Tournee	Idee	verherrend	Waage	Zoo

1 Punkt

Noch Lust auf eine weitere Übung?

Lass dir die Sätze von Test 9, Aufgabe 2 ansagen. In diesem Text finden sich neben einigen Doppelkonsonanten auch zahlreiche gedehnte Vokale.

28 bis 30 Punkte	➤	Sehr gut	20 bis 23 Punkte	➤	Befriedigend
24 bis 27 Punkte	➤	Gut	unter 20 Punkten	➤	Wiederhole den Test!

Gesamtpunktezahl

Kreuze an! **Lange Vokale I**	*Aufgabe*	☺	😐	☹
Ich beherrsche die Schreibung von Wörtern mit langem Vokal.	*1–4, 6*			
Ich kann den langen i-Laut richtig schreiben.	*5*			
Ich kann schwierige Wörter mit Doppelvokal richtig schreiben.	*7*			

TEST 8: Lange Vokale II

Testdauer: 15 min

Aufgabe 1: Setze die zwölf fehlenden Wörter richtig ein. Überlege genau, ob du einen langen oder einen kurzen Vokal sprichst.

WÄRE ZAHLLOSEN NULLTARIF SÄLEN VIELE GEWÜHL RIGOROS NACHHAKEN JÄHRLICH ENTLEDIGEN ALLLMÄHLICH GESTÜRMT

Schwer tragen mit Würde

Die äußeren Umstände eines Museumsbesuchs haben sich generell zum Besseren gewendet: Buffets für den kleinen Hunger, Garderobenkästchen zum ____________________ und Audioguides in sämtlichen Sprachen. Wer kann da schon Nein sagen?

Ein Louvre-Besucher höchstens. Denn ein Museum von Weltformat, das vor allem als Sightseeing-Objekt ____________ wird, kommt im wachsenden Kulturtourismus mit den Kapazitäten ________________ an sein Ende. Nicht dass das Haus klein __________, ist ja schließlich ein ehemaliger Königspalast. Doch im Gegensatz zu den ____________ Ausstellungssälen fehlt es der Institution an jenen Nebenräumen, die den Besuch von 8,3 Millionen Menschen ______________ halbwegs würdevoll abwickeln helfen. Wer sich im Louvre seiner Tragtasche ______________ möchte, wird abgewimmelt. ____________, weil man die Tasche echt nicht an allen Gemälden vorbeitragen möchte, hilft nicht: „You have to."

Man begegnet in den ohnehin gut gefüllten __________ dann schwer beladenen Menschen, deren Rucksäcke sich unfreiwillig aneinander reiben.

Und der Audioguide, der hilfreich wäre, weil der Louvre __________ in Französisch beschriftet, würde eine Wartung vertragen. __________ Inhalte sind „out of order" oder beschränken sich auf deskriptive Infos. Im Fall der Mona Lisa macht das wieder Sinn. Man kriegt sie im __________ ja kaum zu sehen.

(Margarete Affenzeller: Schwer tragen mit Würde. In: Der Standard vom 30. März 2010. S. 11)

12 Punkte (12 x 1 P.)

Aufgabe 2: Ergänze die fehlenden Vokale. Achtung: Nicht jeder Langvokal ist durch ein Dehnungszeichen gekennzeichnet!

1. Das alles gefällt ___m ganz gut.

2. Die Zeichnungen in der Felsenh___le

3. Die Untert___nen feierten ihren König.

4. Sie spielten live auf der B___ne.

5. „Gesegnete M___lzeit!", wünschte er allen.

6. Wann sind Sie geb___ren?

7. Ich fiel fast vom St___l.

8. Sie spielt eine feine D___me.

9. Hast du Z___nschmerzen?

10. Der Strauch ist in voller Bl___te.

5 Punkte (10 x 0,5 P.)

TIPP

Meistens werden lange Vokale ohne Dehnungszeichen geschrieben. Achte besonders auf Wortstämme, die mit *t-*, *sch-*, *sp-* oder *qu-* beginnen: *Tal*, *Schale*, *spülen*, *quälen*.
Merkwörter: *Urlaub, Leichnam, Blüte, Strömung, Eigentum, dämlich, nämlich, scheinbar*

Aufgabe 3: Reimwörter: Setze richtig ein!

das Tal	►	die Qu___l	der Schal	►	schm___l
s___r	►	das Gewehr	der Verkehr	►	der Verz___r
die Liebe	►	die S___be	die H___be	►	die Triebe
der S___n	►	der Mohn	der H___n	►	der Lohn

4 Punkte (8 x 0,5 P.)

Aufgabe 4: Buchstaben fehlen: Vervollständige das Wort richtig!

1. Partnervermittlung PAARSCHIFF – „Lieber gemeins________ durchs Leben rudern!"
2. Du _____bst mir jetzt leider allen Grund, misstrauisch zu sein!
3. Lebewesen lernen vielfach auch durch Nach______mung.
4. Gibt es irgendwelche Wünsche, Anregungen oder Beschw____rden?
5. Ich habe mir das n__mlich so gedacht.
6. Achtung: Gutes Ben_____men ist nicht immer gefragt!
7. Das ist nur ein scheinb_____rer Widerspruch, verehrtes Publikum!
8. Sie befinden sich hier auf fremdem Eigent____!
9. Er gab z____mlich urtümliche Geräusche von sich.
10. Wo machen wir heuer ______laub?

5 Punkte (10 x 0,5 P.)

Aufgabe 5: Schwierige Wörter? Nicht für dich! Setze richtig ein!

Alles war seit langer Zeit gepl___nt. • Dieses Angeb___t fiel mir sofort auf. • Wer zuerst kommt, m___lt zuerst, heißt es. • Mach einfach gute M___ne zum bösen Spiel! • Das Verbot von Landm___nen ist immer noch nicht weltweit gültig. • Klar, ist doch ___rensache! • Dieses Auto hat St___l. • Der Saunaofen ist innen und außen aus Edelst___l gefertigt.

4 Punkte (8 x 0,5 P.)

Noch Lust auf eine weitere Übung?

Lass dir die Sätze von Aufgabe 5 ansagen. Hör gut zu, denn in ihnen sind noch einige andere Langvokale versteckt!

28 bis 30 Punkte	➤	Sehr gut	20 bis 23 Punkte	➤	Befriedigend
24 bis 27 Punkte	➤	Gut	unter 20 Punkten	➤	Wiederhole den Test!

Gesamtpunktezahl

Kreuze an! **Lange Vokale II**	*Aufgabe*	☺	😐	☹
Ich beherrsche die Schreibung von Wörtern mit langem Vokal und Dehnungszeichen.	*1–3*			
Ich kann Vor- und Nachsilben mit langen Vokalen richtig schreiben.	*4*			
Ich kann ähnlich klingende Wörter mit Langvokal richtig schreiben.	*5*			

TEST 9: Verdoppelte Konsonanten I

Testdauer: 20 min

Aufgabe 1: Setze die zehn fehlenden Wörter richtig ein. Überlege genau, ob du einen langen oder einen kurzen Vokal sprichst.

ÜBERGESCHNAPPT SCHÜTTEN VERGESSEN RAMMT VERBLÜFFT ISST DENN ABGESTELLTEN KLETTERN MITTERNACHT

I. ________________. Auf dem Friedhof öffnen sich zwei Gräber und zwei Skelette ______________ heraus. Sie laufen los und kommen zu zwei unter einem Baum ________________ Motorrädern.

Das eine Skelett steigt auf und startet.

Plötzlich sagt das andere: „Warte mal einen Moment, ich hab was ________________!"

Als es wiederkommt, schleppt es einen Grabstein hinter sich her.

„Bist du ________________?", fragt sein Freund, „was soll das denn?"

„Bin ich blöd? Ich fahre doch nicht ohne Papiere!"

II. Sitzt ein Fernfahrer in einer Autobahnraststätte und ____________ zu Abend. Kommen zwei betrunkene Biker herein, nehmen das Ketchup, ________________ es dem Mann auf die Haare und werfen sein Essen auf den Boden.

Der Mann sagt nichts, steht auf, zahlt sein Essen und geht.

________________ fragen die Rowdys den Kellner: „Was ist _________ das für ein Typ?"

„Weiß ich auch nicht, muss ein völliger Idiot sein. Und Auto fahren kann er auch nicht. Jetzt gerade ________________ er mit seinem Laster zwei Motorräder."

(Superneue Kinderwitze. Wien: Tosa-Verlag. S. 43, 62)

10 Punkte (10 x 1 P.)

Aufgabe 2: Ergänze die Lücken richtig!

Alle, die gefürchteten Pi____aten und die Gefangenen, denen der Tod drohte, verfolgten ganz geba____t dieses spannende und seltsame Schauspiel. Der Kampf ging hi____ und her, der Pirat erwie____ sich als ein durchaus guter Spieler und mehrmals war die schwarze Partei nahe dran zu verlieren. Das hä____e den Tod Montanas und den seiner Gefährten bedeu____et. Doch es gelang ihm, das Unheil abzuwenden und einen Gegenangri____ zu starten.

Die meisten Zuschauer hatten noch nie im Leben eine Schachfigur berührt, geschweige denn wu____ten sie, wie man sie zu bewegen hatte. De____och spürten sie, dass eine Entscheidung nahte. Sie drängten sich um das Brett des Kapitäns, [...]: Schwarz war am Zug. „Ihr seid in spätestens sechs Zügen schachma____!", rief Montana.

(Gerd Schneider: Bauer, Dame, König – Matt! Ein Schachkurs für Einsteiger. Würzburg: Arena. 2008. S. 114f.)

5 Punkte (10 x 0,5 P.)

Aufgabe 3: Bilde mit dem gegebenen Infinitiv die jeweilige Verbform im Präsens!

fallen	du ____________________	locken	ihr ____________________
kennen	er ____________________	attackieren	er ____________________
können	ihr ____________________	hoffen	du ____________________
schalten	ihr ____________________	haften	er ____________________
kommen	er ____________________	rinnen	es ____________________

5 Punkte (10 x 0,5 P.)

TIPP

„Nach *l, n, r* – das merke ja – steht nie *tz* und nie *ck*!"
Es heißt also: ***Holz, Kranz, Herz; welken, kränken, scherzen***. Fremdwörter haben meist kein *ck/tz*: ***Akustik, Effekt, Paket, suspekt*** … Ausnahmen: ***Attacke, Baracke, Perücke***!

Aufgabe 4: Ergänze die Präsensform und das dazugehörige Nomen richtig!

	Verb im Satz	passendes Nomen
einheizen	Er __________ ein.	die ____________________
schmerzen	Es __________ uns sehr.	der ____________________
kränken	Clara __________ ihren Bruder.	die ____________________
provozieren	Das __________ Widerstand.	die ____________________
fabrizieren	Ihr __________ etwas Interessantes.	die ____________________
spuken	Das Gespenst __________ durch die Gänge.	das ____________________schloss

6 Punkte (12 x 0,5 P.)

Aufgabe 5: Knifflige Wörter, die du oft brauchst. Setze richtig ein!*

1. Der dritte Fall heißt Dativ, der vierte Fall ist der A_________usativ.
2. Hast du das Fernsehprogra_________ irgendwo gesehen?
3. Jetzt wusste der Ko_________issar, wie das Messer in die Schulter gekommen war.
4. Konsu_________enten profitieren oft von der Konku_________enz verschiedener Supermärkte.
5. Zieh dir bei diesen Temperaturen die Kapu_________e über!
6. An diesem Gerücht ist bestimmt etwas dra_________, sag ich dir!
7. Der Roboter filmt alle Rohre von innen mit einer Ka_________era.

4 Punkte (8 x 0,5 P.)

* Bei dieser Aufgabe darfst du auch das Wörterbuch verwenden!

28 bis 30 Punkte	➤	Sehr gut	20 bis 23 Punkte	➤	Befriedigend
24 bis 27 Punkte	➤	Gut	unter 20 Punkten	➤	Wiederhole den Test!

Gesamtpunktezahl

Kreuze an! **Verdoppelte Konsonanten I**	*Aufgabe*	☺	😐	☹
Ich beherrsche die Hauptregel: Nach kurzem Vokal wird der nachfolgende Konsonant verdoppelt.	*1–3*			
Ich kann Wörter mit k/ck bzw. z/tz richtig schreiben.	*4*			
Ich kann schwierige Wörter im Wörterbuch richtig nachschlagen.	*5*			

TEST 10: Verdoppelte Konsonanten II

Testdauer: 20 min

Aufgabe 1: ck oder k? Setze richtig ein!

Muskeltraining beginnt beim richtigen Schuh. „Rücksichtsvoll" gehen – jetzt!

Ein gesunder Rü___en beginnt mit einer aufrechten Haltung. Doch die wenigsten Menschen können sich glü___lich schätzen, wir___lich aufrecht zu gehen. Die Folge: Rü___enschmerzen und Verspannungen über den ganzen Körper. Medi___amente und Krankengymnasti___ helfen nur im a___uten Fall, anhaltender Erfolg stellt sich nicht ein. Effe___tiver ist das Training mit NCU: Mit der patentierten Sohlenkonstru___tion stärkt und trainiert NCU den gesamten Muskelapparat und lo___ert verspannte Bereiche. Denn für einen schmerzfreien Körper ist ein gezielter Aufbau der gesamten Rücken-, Bauch- und Beinmus___ulatur wichtig. Hier wir___t NCU ebenso effektiv wie andauernd. Testen Sie jetzt Ihren persönlichen Fit-Schuh aus der neuen Kolle___tion! Attra___tive Angebote erwarten Sie!

7 Punkte
(14 x 0,5 P.)

Aufgabe 2: z oder tz? Setze richtig ein!

Tipps für das Erstellen und Halten von Referaten

1. Wähle ein Thema, zu dem du einen persönlichen Be___ug herstellen kannst.
2. Um die Informationen aus dem Netz optimal zu nü___en, musst du ge___ielt suchen.
3. Im Internet findest du un___ählige Texte, sogar fertige Referate zu spe___iellen Themen.
4. Sei aber grundsä___lich vorsichtig: Vieles ist fehlerhaft oder schlampig gemacht.
5. Achtung: Neben Infos zur kostenfreien Benu___ung finden sich auch viele kommer___ielle Seiten, für deren Leistung du be___ahlen musst!
6. Erstelle einen prä___isen Plan, der neben den Infos auch Noti___en zum Ablauf deines Referats enthält (Einsa___ von Bildern, Timing der PowerPoint-Folien, Leseproben …).
7. Schreib das Referat in ganzen Sä___en mit deiner Sprache auf. Mit fremden Texten kannst du dein Publikum nicht fas___inieren!
8. Eine kur___e inhaltliche Vorschau zu Beginn des Referats kann für das Publikum nü___lich sein.
9. Die Zuhörerinnen und Zuhörer werden es schä___en, wenn du die Standardsprache benü___t. Sprich möglichst frei und halte Blickkontakt!
10. Optimal vorbereitet kommst du beim Referieren fast hundertpro___entig nicht ins Schwi___en! ☺

10 Punkte
(20 x 0,5 P.)

TIPP

Doppelkonsonant oder nicht? Sprich den Vokal davor einmal ganz lang und einmal ganz kurz aus. Was klingt trotz der übertriebenen Dehnung noch richtig?
Das Fest hat ein tolles ***Programm*** (kurzes a sprechen!) oder *ein tolles* ***Prograaaaaamm*** (langes a). ► Der Vokal muss kurz ausgesprochen werden. Daher folgt eine Doppelschreibung!

Aufgabe 3: Setze die neun fehlenden Wörter richtig ein. Überlege, ob du den Vokal davor kurz oder lang aussprichst.

ZERSCHNITTEN KONTROLLIERT PASSIERT LÜCKE BISSCHEN METER PLATTEN KOMMA STIMME

„TR-90." In Barbies Ohren klang seine eigene ___________ gleichgültig und lustlos. „Egal. Wir haben mit einer Kiesgrube angefangen, die schon über zwölf ___________ tief war. Ich habe spektrographische Aufnahmen gesehen, die mich vom Stuhl gehauen haben. Lange ___________ metamorpher Gesteine, die glatt _______________ sind. Es gibt keine ___________, aber man kann sehen, wo der nördliche Teil der Platte ein ___________ abgesackt ist. Wir haben die seismographischen Daten der Wetterstation Portland _______________ und sind fündig geworden. Um 11:44 Uhr hat's *rums!* gemacht. Zwo ___________ eins auf der Richter. Da ist es also _______________."

(Stephen King: Die Arena. München: Heyne. 4. Auflage. 2009. S. 172)

9 Punkte
(9 x 1 P.)

Aufgabe 4: Hier sind acht Wörter mit Doppelkonsonanten zu schreiben. Kreise die Falschschreibungen ein!*

Eine neue Platform für eine ganze Palete von E-Autos wird entwickelt. 1,65 Tonen wiegt so ein EV [Anm.: = Electric Vehicle], aber das entspräche der heutigen C-Klasse von Mercedes. Die Reichweite soll 160 Kilometer betragen.

Natürlich hat auch das Aufladesystem esenziellen Anteil am Erfolg – man wird unterscheiden zwischen Homecharging und öfentlicher Kundenbedienung bei Supermärkten, in Einkaufszentren. Achtzig Prozent der Batteriefülung solen in 25 Minuten absolviert sein. (Aber dan wird es zäh.)

(Autorevue. Österreichs Magazin für Technik und Sport. 8/2009. S. 31)

4 Punkte
(8 x 0,5 P.)

---

* Bei dieser Aufgabe darfst du auch das Wörterbuch verwenden!

Noch Lust auf eine weitere Übung?

In Aufgabe 3 waren andere Wörter mit Doppelkonsonanten zu finden. Lass dir den Text noch einmal als Diktat ansagen.

28 bis 30 Punkte	➤	Sehr gut	20 bis 23 Punkte	➤	Befriedigend
24 bis 27 Punkte	➤	Gut	unter 20 Punkten	➤	Wiederhole den Test!

Gesamtpunktezahl

Kreuze an! **Verdoppelte Konsonanten II**	*Aufgabe*	☺	😐	☹
Ich kann schwierige Wörter mit k/ck richtig schreiben.	*1*			
Ich kann wichtige Wörter mit z/tz richtig schreiben.	*2*			
Ich kann wichtige Wörter mit Doppelkonsonanten richtig schreiben.	*3–4*			

TEST 11: Ähnlich klingende Laute

Testdauer: 15 min

Aufgabe 1: v – f/ff – ph? Setze richtig ein!

7 Punkte (14 x 0,5 P.)

Obwohl die Planeten mit günstigen Umweltbedingungen im Uni__ersum ziemlich zahlreich waren, standen die Chancen da__ür, dass sich auch nur auf einem einzigen Planeten __ortgeschrittenes Leben entwickelt, äußerst schlecht. Das bedeutet: Nur auf einem sehr kleinen Bruchteil von ihnen würde es dazu kommen. Der Planet, auf dem wir uns be__inden, muss eine dieser seltenen Ausnahmen gewesen sein. Und trotzdem hätte es leicht schie__gehen können, wie entsprechende Berechnungen von Astro__ysikern zeigen. Unsere Sonne wird nämlich nicht unbegrenzt so weiterleuchten, wie sie es jetzt tut, sondern nur so lange, bis in den Kernbrennprozessen, die sie zum Leuchten bringen, all ihre __orräte an Wasserstoff __erbraucht sind. Während der Zeit, die die E__olution auf der Erde gebraucht hat, um intelligentes Leben her__orzubringen, hat die Sonne bereits einen großen Teil ihrer Wasserstoffreser__en aufgebraucht. Anders gesagt: Wenn unsere Evolution nur ein kleines bisschen langsamer __erlaufen wäre, hätte die Sonne ihren Brennsto__ bereits verbraucht gehabt, be__or wir Menschen auf den Plan getreten wären!

(Lucy und Stephen Hawking: Die unglaubliche Reise ins Universum. München: cbj. 2009. S. 169)

TIPP
wieder oder *wider*?
Die Schreibungen mit dem Dehnungs-***e*** (langem ***ie***) bedeuten **„wieder, erneut"**.
Das Wort **wider** meint „(ent)gegen". Beachte: *widerspiegeln, widersetzen, Widerstand.*

Aufgabe 2: *Wieder* oder *wider*? Setze richtig ein!

4 Punkte (8 x 0,5 P.)

1. Auch heuer besuchen wir ______________ das Musikfestival.
2. Kannst du das noch einmal ______________holen?
3. In diesem Bild spiegelt sich die Armut der Näherinnen ______________.
4. Wann werden wir uns ______________sehen?
5. Die Demonstranten versuchten, dem Militär ______________stand zu leisten.
6. Das ist alles andere als ______________sinnig!
7. Drücke auf ______________gabe, die Taste mit dem grünen Pfeil!
8. Keine ______________rede, du übst jetzt deine Klavierstücke!

Aufgabe 3: *Seit* oder *seid*? Setze richtig ein!

3 Punkte (6 x 0,5 P.)

__________ Kurzem wohnen sie nicht mehr hier. • __________ ihr denn völlig wahnsinnig? • Ihr __________ bestimmt sauer auf uns, oder? • __________ ich dich kenne, hast du ein sonniges Gemüt. • __________ endlich ruhig! • __________ wann kannst du schon Rad fahren?

TIPP
Tod/tod oder *tot*? Verben werden generell mit ***t*** geschrieben (zB sich ***totlachen***),
Adjektive mit ***d*** (zB ***todlangweilig***).
Beachte die Schreibung der drei häufigen Wörter: ***der Tod – tödlich – tot.***
Manchmal kannst du den richtigen Laut auch hören: ***Todesangst*** bzw. ***Totenstille.***

Aufgabe 4: In tödlicher Mission – setze den richtigen Buchstaben ein!

1. Ich hatte auf einmal richtige To__esangst.
2. Es war so lustig, wir mussten uns fast to__lachen.
3. Ich wusste, dass ich gewinnen würde; ich war mir to__sicher.
4. Um diese Zeit herrschte in der Fabrik wahre To__enstille.
5. Was ist los mit dir? Du siehst ja to__unglücklich aus!
6. Was du da machst, kann tö__lich enden! Steig sofort herunter!

6 Punkte (6 x 1 P.)

Aufgabe 5: x, gs, cks, ks oder chs? Setze richtig ein!*

e____klusive Mehrwertsteuer
in der Pra____is
allerdin____ La____ bevorzugen
ein schlauer Fu____
immer auf A____e sein
mitta____ Geld we____eln wollen
zu einem halbwe____ vernünftigen Preis
mit seinen Aufgaben wa____en
schnurstra____
jemandem auf den Ke____ gehen

6 Punkte (12 x 0,5 P.)

TIPP
***end*-** oder ***ent*-**? Im Gegensatz zu *end-* ist *ent-* nicht betont:
éndlich, éndgültig – aber: *entstéhen, Entschlúss*

Aufgabe 6: Entscheide dich für die richtige Silbe!

Das ist die richtige _____scheidung.
Der Zug sollte _____gleisen.
Er _____ledigt sich der Bananenschale.
Der Anblick war _____setzlich.
Sie sind fristlos _____lassen!
Das Team kam in die _____runde.

3 Punkte (6 x 0,5 P.)

Aufgabe 7: d, dt, t oder tt? Ein Punkt noch für dich, wenn du die falsche Form findest.*

der Staatsvertrag	Stadtbetriebe	unentgeltlich	Gesandter
Gaststätte	städtisch	morgentlich	schlussendlich

1 Punkt

* Bei diesen Aufgaben darfst du auch das Wörterbuch verwenden!

28 bis 30 Punkte ➤	Sehr gut	20 bis 23 Punkte ➤	Befriedigend
24 bis 27 Punkte ➤	Gut	unter 20 Punkten ➤	Wiederhole den Test!

Gesamtpunktezahl

Kreuze an! **Ähnlich klingende Laute**	*Aufgabe*	☺	😐	☹
Ich beherrsche die Schreibungen des f- und x-Lautes.	*1, 5*			
Ich kann *seit/seid, end-/ent-* und die Wörter mit *Tod/tödlich/tot* richtig schreiben.	*3–4, 6*			
Ich kann *wieder* und *wider* richtig verwenden und schreiben.	*2*			

Testdauer: 15 min

TEST 12: Zeichensetzung I

Aufgabe 1: Setze alle Kommas in folgendem Text!

Ares kam mit zuversichtlichem Grinsen auf mich zu. Ich ließ die Klinge sinken als sei ich zu erschöpft um weiterzumachen. *Moment noch* bat ich das Meer. Der Druck warf mich fast um. Ares hob sein Schwert. Ich ließ der Flut ihren Lauf sprang los und wurde auf einer Welle über Ares hinweggeschleudert.

Eine fast zwei Meter hohe Wasserwand traf ihn voll im Gesicht und er spuckte fluchend Seetang. Wasser spritzte ich landete hinter ihm und tat so als zielte ich auf seinen Kopf wie ich das schon einmal getan hatte. Er drehte sich rechtzeitig um um sein Schwert zu heben aber diesmal war er verwirrt und sah nicht voraus was ich vorhatte. Ich änderte meine Richtung zielte seitwärts bohrte mein Schwert ins Wasser und traf mit der Spitze in die Ferse des Gottes.

(Rick Riordan: Percy Jackson in: Diebe im Olymp. Hamburg: Carlsen. 2010. S. 387f.)

6 Punkte (12 x 0,5 P.)

TIPP

Nebensätze werden durch Beistrich(e) vom Hauptsatz getrennt. Wir unterscheiden **Gliedsätze** und Attributsätze: ***Weil er Zeit hatte***, *ging er spazieren. Die Firma, die dahintersteckt, hat ihren Sitz in der Karibik.* Du kannst beide an den Einleitewörtern erkennen (*dass, als, nachdem, obwohl, solange;* w-Wörter wie *wer, weil, wann, …* bzw. *der, die, das, welcher …*). [► vgl. auch Test 21]

Aufgabe 2: Unterstreiche in den folgenden Satzgefügen jeweils den Glied- oder Attributsatz und setze den Beistrich!

1. Ich weiß nicht was das alles zu bedeuten hat.
2. Wer immer auch diese Tür beschädigt hat soll sich jetzt melden.
3. Die Skulpturen die echt vergoldet sind hat der Künstler aus Italien mitgebracht.
4. Es tut mir so leid dass ich deinen Geburtstag verschwitzt habe.
5. Lass uns ein wenig Rad fahren damit wir nicht einrosten!
6. Weil hier nichts unternommen worden ist ist das Chaos heute so groß.
7. Erstaunlicherweise fällt mir nichts ein was ich mir wünschen könnte.
8. Finde ich echt toll dass wir jetzt keinen Schlüssel haben!
9. Sag mir doch was hier los ist!
10. Wann die Party stattgefunden hat kann er nicht mehr sagen.
11. Niemand weiß was der morgige Tag bringt.
12. Wann bäckst du endlich wieder den Kuchen der mir so schmeckt?

12 Punkte (12 x 1 P.)

Aufgabe 3: Verbinde die drei Teilsätze zu einem Satzgefüge und schreib die Sätze in Normalschrift auf. Setze alle Satzzeichen!

1. WAS ICH MEINE / DU VERSTEHST / WENN ICH VON BETRUG SPRECHE ______________________
2. WER DAS LIED KOMPONIERT HAT / BALD WISSEN WIR / DAS ALLE SINGEN ______________________
3. SIE WÜRDE GERN WISSEN / SIE SAGTE / WER DAS RÄTSEL GELÖST HAT ______________________
4. WEIL SIE SICHER WAREN / SIE GINGEN DORTHIN / DASS DORT KEINER WAR ______________________
5. DIE FEE ERSCHIEN / GLÜCK ZU VERBREITEN / WEIL SIE DEN AUFTRAG HATTE ______________________
6. WIE WIR ES WOLLTEN / NUR JETZT NICHT FLUCHEN / WO DOCH ALLES SO IST ______________________

6 Punkte (6 x 1 P.)

TIPP

Vergleiche mit ***wie*** und ***als*** zählen nicht als Nebensätze: *Das schmeckt fast so gut **wie dein Marmorkuchen**.* Leiten die beiden Wörter aber einen eigenen Satz (mit Prädikat) ein, muss ein Beistrich stehen: *Ich laufe fast so schnell, wie **du** mit dem Rad **fährst**. Sie rechnet schneller, als **er** die Zahlen **eintippen kann**.*
Wie steht bei Gleichheit *(so … wie)*, ***als*** bei Ungleichheit *(schneller als)*.

Aufgabe 4: Setze bei folgenden Sätzen die Beistriche richtig!

1. Man sagt er könne seinen Colt schneller ziehen als sein eigener Schatten.
2. Du wirst schneller nass sein als du glaubst.
3. Weißt du denn nicht wie das zustande gekommen ist?
4. Es war etwas anders als es die Zeitung berichtete.
5. So philosophisch wie Bart Simpson müsste man sein!

5 Punkte (5 x 1 P.)

Aufgabe 5: Noch ein Punkt für dich, wenn du das falsche Wort streichst!

Versuche so schnell als wie möglich, die Anschlusszeiten in Erfahrung zu bringen!

1 Punkt

28 bis 30 Punkte	➤	Sehr gut	20 bis 23 Punkte	➤	Befriedigend
24 bis 27 Punkte	➤	Gut	unter 20 Punkten	➤	Wiederhole den Test!

Gesamtpunktezahl

Kreuze an! **Zeichensetzung I**	*Aufgabe*	☺	😐	☹
Ich kann Nebensätze mit Komma von Hauptsätzen trennen.	*1–2*			
Ich kann Hauptsätze und Nebensätze richtig zu Satzgefügen verbinden.	*3*			
Ich kann *als* und *wie* richtig verwenden und das mögliche Komma dabei richtig setzen.	*4–5*			

TEST 13: Zeichensetzung II

Testdauer: 15 min

Aufgabe 1: Setze alle Kommas in folgendem Text!

Dr. Seraphina kam jeden Mittag um nach uns zu sehen und brachte uns zum Lunch einen Korb mit Brot und Käse ein Töpfchen Senf und eine Flasche kaltes Wasser. Meistens konnte ich ihre Ankunft kaum erwarten aber an diesem Vormittag war ich so vertieft in meine Arbeit dass ich gar nicht merkte wie schnell die Zeit der Mittagspause heranrückte bis Dr. Seraphina hereinkam und den Korb vor uns auf den Tisch stellte. In den vergangenen Stunden hatte ich nichts anderes gesehen als die scheinbar endlos wuchernden Daten vor allem die Aufzeichnungen der Valkos von ihrer ersten Expedition einer strapaziösen Reise durch die Pyrenäen. Die Abmessungen von Höhlen und die Gradation und Dichte von Granitformationen füllten zehn Expeditionstagebücher. Erst als Dr. Seraphina sich zu uns setzte und ich mich von meiner Arbeit losgerissen hatte merkte ich dass ich großen Hunger hatte. Ich schob die Unterlagen zusammen klappte die Bücher zu und räumte den Tisch ab.

(Danielle Trussoni: Angelus. München. Droemer. 2010. S. 243f.)

6 Punkte
(12 x 0,5 P.)

TIPP

Bei Einleitung durch ***als, statt, ohne, um*** müssen erweiterte Infinitivgruppen durch Beistrich vom Hauptsatz getrennt werden: *Wir sind gekommen,* ***um zu bleiben****.* Auch wenn ein **Nomen** oder ein **hinweisendes Wort** die Infinitivgruppe ankündigt, steht ein Beistrich: *Eure* ***Absicht****, hier* ***zu bleiben****, freut mich. Mir gefällt* ***es****, mit euch die Zeit* ***zu verbringen****.* Beachte: Keine erweiterte Infinitivgruppe (= reiner Infinitiv mit zu) und daher kein Beistrich etwa bei: *Eure Absicht* ***zu bleiben*** *freut mich.*

Aufgabe 2: Unterstreiche die erweiterten Infinitivgruppen und setze die Beistriche!

1. Peters Plan die Mauer aus alten Steinen zu bauen stieß auf ungeteilte Zustimmung.
2. Ohne die Lehrerin zu grüßen stürzte Isabelle mitten in der Stunde in die Klasse.
3. Es scheint dein Wunsch zu sein alles geordnet zu hinterlassen.
4. Statt etwas Ordentliches zu essen hast du dein Geld in Kaugummi investiert?
5. Aber Gerda hat mir doch versprochen sich in Zukunft mehr zu schonen!
6. Der Gedanke zu dieser Stunde jemandem zu begegnen ließ ihn erschaudern.
7. Der Boxer weigerte sich auf einmal wieder in den Ring zu steigen.
8. Wir hoffen alle dem drohenden Wirbelsturm entgehen zu können und bleiben optimistisch.
9. Hilf uns lieber anstatt hier untätig herumzuliegen und pack mit an!

9 Punkte
(p. Satz 1 P.)

TIPP

Beachte die Zeichensetzung bei der direkten Rede:
„Kannst du mir kurz helfen, Oti?", fragte ihn sein Bruder. „Ich komme sofort", antwortete dieser, „noch ein wenig Geduld!" Er sagte: „Kopf hoch! Das wird schon wieder!"

Aufgabe 3: In folgenden Beispielen finden sich einige Zusätze. Setze die Beistriche!

1. Naomi komm mal kurz her zu mir!
2. Die Kuchenformen die alten von Großmutter wo habe ich die letztens hingetan?
3. Meine liebe Maria wo hast du dich versteckt?
4. Ich liebe Süßigkeiten insbesondere Sachertorte und Rehrücken.
5. Einen Oldtimer ein wirklich altehrwürdiges Auto hast du noch nicht!
6. Sie trägt gebrauchte Kleider meist im Secondhandshop gekauft.
7. Nur sie die Tante meiner Frau konnte Erdäpfelsalat so zubereiten.
8. He was soll denn das werden?
9. Liebe Freunde lasst uns anstoßen auf unseren Erfolg!
10. Susanne heuer werden wir dich wieder in Hamburg besuchen.

5 Punkte (p. Satz 0,5 P.)

Aufgabe 4: Setze in jeder Zeile alle fehlenden Satzzeichen (nur komplette Lösungen zählen)!

1. Frau Mitter kam aufs Polizeirevier Ich möchte eine Vermisstenanzeige aufgeben Mein Mann ist verschwunden
2. Der Beamte Wann war das
3. Vor zehn Jahren sagte sie
4. Und da kommen Sie erst jetzt fragte der Polizist.
5. Darauf die Frau Ja Wir feiern nächste Woche silberne Hochzeit und da hätte ich ihn gern dabeigehabt

5 Punkte (p. Satz 1 P.)

Aufgabe 5: Setze noch einmal alle Kommas im Text!

Gefahr erkannt Gefahr gebannt denn Gefahren lauern außerhalb des Käfigs aber auch innerhalb. Überprüfen Sie die Einrichtung von Zeit zu Zeit: Ist alles was Sie in das Gehege gestellt haben stabil kipp- und verletzungssicher?
Achten Sie darauf dass beim Zusammenbauen von Käfig-Verbundsystemen alle Öffnungen dicht verschlossen sind. Dabei dürfen Zuschnitte aus Maschendraht keine hervorstehenden Drähte haben. Verdrahtungen so bauen dass keine Schnauzenspitze kein Pfötchen keine Zehe hängen bleiben kann!

(Leicht verändert nach Engelbert Kötter: Rennmäuse glücklich und gesund. München: Gräfe und Unzer Verlag GmbH. 2002. S. 42)

5 Punkte (10 x 0,5 P.)

28 bis 30 Punkte	➤	Sehr gut	20 bis 23 Punkte	➤	Befriedigend
24 bis 27 Punkte	➤	Gut	unter 20 Punkten	➤	Wiederhole den Test!

Gesamt-punktezahl

Kreuze an! **Zeichensetzung II**	*Aufgabe*	☺	😐	☹
Ich beherrsche die Trennung von Haupt- und Nebensätzen in Texten.	*1, 5*			
Ich kann Kommas bei erweiterten Infinitivgruppen richtig setzen.	*2*			
Ich kann bei direkten Reden und bei Zusätzen die Kommas richtig setzen.	*3, 4*			

Testdauer: 20 min

TEST 14: Wörter aus anderen Sprachen

Aufgabe 1: Hier finden sich bekannte Fremdwörter aus dem Englischen. Finde die zwei Fehlschreibungen in jeder Spalte!

4 Punkte (8 x 0,5 P.)

Make-up	Playback	Boom	Freestyle
Fun	Beet	Faastfood	Clinch
Run	Dealer	Notebook	Matchball
Coktail	Jeans	Attachment	Music-Remigs
Treiner	Teenager	Sketch	Collection
Trailer	Swimingpool	Handycap	Pervormance

TIPP

Englischen Fremdwörtern auf *-y* wird im deutschen Plural nur ein *-s* angehängt: *das Hobby – die Hobbys*.

Aufgabe 2: Setze folgende Wörter in den Plural!

3 Punkte (6 x 0,5 P.)

die Story	die	der Rowdy	die
die Party	die	die Rallye (!)	die
das Baby	die	der Download	die

Aufgabe 3: Wie lauten die Fremdwörter, deren Silben hier vertauscht wurden? Schreib sie in Schreibschrift auf!

4 Punkte (8 x 0,5 P.)

STRA/ZEN/PA	die ____________	NEW/MER/CO	der ____________
ON/STA/TI	die ____________	PAGE/HOME	die ____________
KON/LE/SO	die ____________	TER/IN/VIEW	das ____________
FORT/KOM	der ____________	NAP/KID/PEN	____________

Aufgabe 4: Wörter aus dem Griechischen. Setze richtig th, rh oder ph ein!*

5 Punkte (10 x 0,5 P.)

1. Sie hat zwei Lieblingsfächer in der Schule, Ma____ematik und ____ysik.
2. Das ist nur graue ____eorie, die Praxis sieht anders aus.
3. Die Bücher sind al____abetisch geordnet.
4. Medizin gibt es in der Apo____eke, Bücher in der Biblio____ek.
5. Sie kann so gut reden, sie ist ein ____etorisches Genie!
6. Du musst bei diesem Tanz nur im ____y____mus bleiben!
7. Das würde ____ematisch gut passen.

* Bei dieser Aufgabe darfst du auch das Wörterbuch verwenden!

Aufgabe 5: Griechische Fremdwörter: Ergänze die fehlenden Buchstaben!

Demo___ratie (= Volksherrschaft)
Sym___tom (= Anzeichen)
Atmos___äre (= Lufthülle)
H___giene (= Reinlichkeit)
rhy___misch (= mit Taktgefühl)
A___ustik (= Lehre von den Tönen)
Sympa___ie (= Zuneigung)
Me___ode (= Vorgehensweise)

4 Punkte (8 x 0,5 P.)

Aufgabe 6: Finde die drei falschen Schreibungen! Kreise sie ein.*

Vandalismus	ewentuell	primitiv	Rewier
effecktiv	Motiv	privat	Vegetation

3 Punkte (3 x 1 P.)

TIPP

I. Griechische Fremdwörter mit den Bestandteilen *„phon"*, *„phot"* oder *„graph"* dürfen auch mit f geschrieben werden, zB: *Photographie* oder *Fotografie*.

II. Lateinische Fremdwörter mit den Bestandteilen *„-tial"* bzw. *„-tiell"* dürfen dann mit *„-zial"* bzw. *„-ziell"* geschrieben werden, wenn es ein verwandtes Wort mit z gibt, zB *potentiell* oder *potenziell*, weil auch *Potenz*.

Aufgabe 7: Hier findet sich in jeder Spalte eine falsche Schreibung. Kreise sie ein!

provinziell	substanziell	Katastrophe
Fothograf	existenziell	Asphalt
Grafit	Phonologie	Phanter
Seismograph	Triumpf	Grafologie

3 Punkte (3 x 1 P.)

Aufgabe 8: In dieser Rezension finden sich vier falsche Schreibungen. Kreise sie ein!

Bas Böttcher: Die Poetry-Slam-Expedition. Ein Tetxt-, Hör- und Filmbuch mit Audio-CD und Video-DVD. Schrödel 2009
Bas Böttcher ist Slammer der ersten Stunde: Er hat die 1. deutschsprachigen Poetry-Slam-Meisterschaften gewonnen und zieht seither als Slam-Poet durch die Lande. Der stailish gestaltete Band bietet Basicks zum Poetry-Slam und Bas' Gedichte zum Lesen, zum Anhören (auf CD) und – am besten – als Poetry-Clipps zum Anschauen (auf Video-DVD).
(RedX. Das Magazin des Österreichischen Jugendrotkreuzes 2 vom November 2009. S. 36)

4 Punkte (4 x 1 P.)

* Bei dieser Aufgabe darfst du auch das Wörterbuch verwenden!

28 bis 30 Punkte	➤	Sehr gut	20 bis 23 Punkte	➤	Befriedigend
24 bis 27 Punkte	➤	Gut	unter 20 Punkten	➤	Wiederhole den Test!

Gesamtpunktezahl

Kreuze an! **Wörter aus anderen Sprachen**	*Aufgabe*	☺	😐	☹
Ich kann wichtige englische Fremdwörter in Singular/Plural richtig schreiben.	*1, 2, 8*			
Ich kann die wichtigsten griechischen Fremdwörter richtig schreiben.	*4, 5, 7*			
Ich kann wichtige lateinische Fremdwörter richtig schreiben.	*6*			

Testdauer: 15 min

TEST 15: Zusammen- und Getrenntschreibung

Aufgabe 1: Verwandle folgende Sätze ins Perfekt!

8 Punkte (8 x 1 P.)

1. Das fällt mir auf. — Das ist mir auf ______
2. Wir laufen heute eis. — Wir sind ______
3. Es tut uns wirklich leid. — Es hat ______
4. Ihr lauft doch sicher Ski? — Ihr seid ______
5. Das Konzert findet nicht statt. — Das Konzert ______
6. Gehen sie schon heim? — Sind sie ______
7. Alles steht heute kopf. — Alles ist ______
8. Du schreibst das Adjektiv klein. — Du hast ______

TIPP Verbindungen aus Adjektiv und Verb schreibt man in der Regel getrennt. Wenn aber das erste Wort ein Adjektiv ist, welches das Ergebnis der Verbhandlung ist, kann man auch zusammenschreiben, zB: *Ich werde die Zwiebeln **klein schneiden** / **kleinschneiden**.*

Aufgabe 2: Kreuze die Sätze an, die eine falsche Schreibung aufweisen!

5 Punkte (10 x 0,5 P.)

1. Du musst jetzt gutaufpassen! ☐
2. Hier wird leider sehr laut geredet. ☐
3. Butter soll man im Kühlschrank frischhalten. ☐
4. Wir werden unser Haus blau streichen. ☐
5. Du musst noch scharfstellen! ☐
6. Sie hat ihm die Suppe warmgemacht. ☐
7. Du darfst dich nicht schmutzigmachen! ☐
8. Wir wollen jetzt barfußgehen. ☐
9. Sie mussten leider leer ausgehen. ☐
10. Sie haben die Zeit totgeschlagen. ☐

TIPP Das Nomen „Mal" ist immer großzuschreiben: *das erste Mal, manches Mal*. Beachte aber: *einmal, diesmal, viermal, ein paarmal, manchmal.*

Aufgabe 3: Schreibe entweder klein und zusammen oder groß und getrennt!

5 Punkte (10 x 0,5 P.)

MANCHESMAL		KEINMAL	
EINPAARMAL		AUFEINMAL	
DIESMAL		ZUMERSTENMAL	
DIESESEINEMAL		EINMAL	
JEDESMAL		MANCHMAL	

TIPP Zusammensetzungen mit einem Substantiv als erstem Bestandteil sind oft verkürzte Wortgruppen, bei denen eine Präposition oder ein Artikel eingespart wird. Sie müssen zusammengeschrieben werden, zB: *freude**s**trahlend* = *vor Freude strahlend*.

Aufgabe 4: Finde die fünf falschen Schreibungen!

allein erziehend	dunkel blau	sprungbereit	allgemein gültig
mondbeschienen	konsum besessen	ein Spiel süchtiger Bub	Freude strahlend
nasskalt	riesengroß	superschnell	rasend eifersüchtig
riesig groß	super cool	felsenfest	gastfreundlich
Eisen verarbeitend	steinreich	videoüberwacht	schwer krank

5 Punkte (5 x 1 P.)

Aufgabe 5: Unterstreiche in beiden Spalten die jeweils zwei einander entsprechenden Formen! Welche fehlen links bzw. rechts?

klein und zusammen	groß und getrennt
________________, nachhause, von zuhause, zurande kommen, zugrunde richten, außerstande sein, zumute sein, ________________, mithilfe, zustande bringen, zugrunde gehen, anstelle, infrage stellen	zu Stande bringen, an Stelle, zu Mute sein, ________________, auf Grund, zu Rande kommen, nach Hause, außer Stande sein, in Frage stellen, mit Hilfe, zu Nutze machen, zu Grunde richten, ________________

4 Punkte (4 x 1 P.)

Aufgabe 6: Setze richtig *in dem/indem, nach dem/nachdem* oder *seit dem/seitdem* ein!

N__________ du gestern gegangen bist …

I__________ du die Kurbel drehst, kommt …

S__________ du eine PSP hast, gehst du …

Der Film, i__________ Tom mitspielt, …

N__________ Film gingen wir etwas essen.

S__________ Frühling sind wir Freunde.

3 Punkte (6 x 0,5 P.)

28 bis 30 Punkte ➤ Sehr gut	24 bis 27 Punkte ➤ Gut	20 bis 23 Punkte ➤ Befriedigend	unter 20 Punkten ➤ Wiederhole den Test!

Gesamtpunktezahl

Kreuze an! **Zusammen- und Getrenntschreibung**	*Aufgabe*	☺	😐	☹
Ich kann besondere Zusammen- und Getrenntschreibung richtig schreiben.	*1–4*			
Ich beherrsche die wichtigsten Doppelformen der Zusammen- und Getrenntschreibung.	*5*			
Ich kann *in/dem, seit/dem, nach/dem* richtig verwenden und schreiben.	*6*			

Testdauer:
20 min

TEST 16: Aktiv/Passiv

Aufgabe 1: Kreuze an, ob Aktiv- oder Passivsatz, und unterstreiche die Passivform!

1. Gott sei Dank, du bist nicht schwer verletzt worden. ☐ aktiv ☐ passiv
2. Dein verunfallter Wagen wurde von den Einsatzkräften geborgen. ☐ aktiv ☐ passiv
3. Die Verantwortlichen sprechen von 21 Verletzten. ☐ aktiv ☐ passiv
4. Nach der Beseitigung der gröbsten Schäden wurde die Straße wieder freigegeben. ☐ aktiv ☐ passiv
5. Danach konnte der Verkehr wieder ungehindert fließen. ☐ aktiv ☐ passiv
6. Allerdings werden die Unfallopfer von noch nicht abschätzbaren Spätfolgen betroffen sein. ☐ aktiv ☐ passiv
7. Hoffentlich wird ihnen die beste Betreuung und Versorgung angeboten werden. ☐ aktiv ☐ passiv

7 Punkte
(7 x 1 P.)

Aufgabe 2: Ergänze die Passivformen im Vorgangspassiv und im Zustandspassiv in der Gegenwart/Präsens!

renovieren – beleuchten – verletzen – schneiden – beseitigen – einladen – decken

Vorgangspassiv	Zustandspassiv
1. Die Statue ____________	Die Statue ____________
2. Die Haare ____________	Die Haare ____________
3. Die Wohnung ____________	Die Wohnung ____________
4. Der Esstisch ____________	Der Esstisch ____________
5. Die Schäden ____________	Die Schäden ____________
6. Das Opfer ____________	Das Opfer ____________
7. Meine Freunde ____________	Meine Freunde ____________

7 Punkte
(7 x 1 P.)

Aufgabe 3: Setze den Satz „Pink signiert das Cover" in den verschiedenen Zeiten ins Vorgangs- bzw. Zustandspassiv!

Zeit	Vorgangspassiv	Zustandspassiv
Präsens/Gegenwart	*Das Cover wird (von Pink) signiert.*	*Das Cover ist (von Pink) signiert.*
Präteritum/Mitverg.		
Perfekt/Vergangenheit		
Plusquamp./Vorverg.		
Futur/Zukunft		
Futur II/Vorzukunft		

10 Punkte
(10 x 1 P.)

Aufgabe 4: Setze die Sätze ins Passiv; achte dabei auf die richtige Zeit!

1. Die Behörden geben wegen des angekündigten Taifuns eine Sturmwarnung aus.

____

2. Daraufhin haben viele Familien ihr Haus verriegelt und vernagelt.

____

3. Trotz dieser Vorkehrungen verursachte der Sturm enorme Schäden.

____

4. Eine ältere Frau, die zu spät losgefahren war, wurde von einem umstürzenden Baum getötet.

____

5. Feuerwehr und Polizei suchen auch noch nach zwei vermissten Campern.

____

6. Die lokalen Katastrophenschutzkommandos werden bis morgen das Ausmaß der Schäden berechnet haben.

____

6 Punkte
(6 x 1 P.)

28 bis 30 Punkte	➤	Sehr gut	20 bis 23 Punkte	➤	Befriedigend
24 bis 27 Punkte	➤	Gut	unter 20 Punkten	➤	Wiederhole den Test!

Gesamtpunktezahl

Kreuze an!	☺	😐	☹
Ich beherrsche die Unterscheidung zwischen Aktiv und Passiv.			

Testdauer: 25 min

TEST 17: Fälle

Aufgabe 1: Frage nach dem unterstrichenen Satzglied und bestimme so den Fall!

1. Der Esel kann ein störrisches Tier, das man nur mit einer Karotte locken kann, sein.

2. Der Elefant hingegen ist, bedingt durch die Freuden der Zivilisation, den Erdnüssen verfallen.

3. Die Spinne hingegen liebt vor allem das Vibrieren ihres Netzes, wenn sich eine kleine Fliege darin verfangen hat.

4. Dem Igel wiederum kann kein größeres Glück zuteil werden als ein Ei.

5. Des Menschen Vorliebe allerdings erkennt man an seiner Wahllosigkeit.

6. Denn der Mensch ist ein Allesfresser.

6 Punkte (6 x 1 P.)

Aufgabe 2: Setze die passenden Fallendungen ein!

Facebook ist ein____ (0,5 P.) so genannt____ *sozial____ Netzwerk____* (0,5 P.). Sozial____ Netzwerk____ (0,5 P.) sind Plattform____ (0,5 P.) im virtuell____ Raum____ (0,5 P.), die ihr____ Mitglied____ (0,5 P.) erlauben, dort mit ander____ User____ (0,5 P.) in Kontakt zu treten. Wenn man jemand____ auf sein____ eigen____ Profil____ (0,5 P.) zugreifen lässt, ist derjenig____ (0,5 P.) ein Freund. Oft wird die Bedeutung ein____ Person____ (0,5 P.) an der Anzahl ihr____ Freund____ (0,5 P.) gemessen. Um möglichst viel____ Freund____ (0,5 P.) zu bekommen, muss der User viel____ Stund____ (0,5 P.) täglich auf Facebook verbringen. Eine Folge davon könnte sein, dass man sein____ real____ Freund____ (0,5 P.) vernachlässigt und vielleicht verliert.

7 Punkte (14 x 0,5 P.)

TIPP

Um den richtigen Fall zu bestimmen, kannst du auch die Ersatzprobe anwenden:
- für den Dativ *„mir/dir"*
- für den Akkusativ *„mich/dich"*

Aufgabe 3: Stelle die Satzglieder so um, dass der Dativ (3. Fall) am Beginn des Satzes steht!

1. Das Handy mit der Spracherkennungssoftware wurde dem Mädchen mit den beiden Zöpfen entwendet.

   ____

2. In vielerlei Hinsicht ist dem scheinbar aggressiven Skater übel mitgespielt worden.

   ____

3. Wegen unseres „ordentlichen" Klassenzimmers mussten wir gestern dem Reinigungspersonal zur Hand gehen.

   ____

4. Den Statistiken sollte man nur dann glauben, wenn man sie selbst gefälscht hat.

   ____

5. Da sich eine Schabe auf ihrem Salat breit gemacht hatte, bescherte eine unzufriedene Kundin dem Restaurant eine vernichtende Kritik.

   ____

6. Zu trauen ist den Aussagen nur dann, wenn der Staatsanwalt sie einer genauen Prüfung unterzogen hat.

   ____

6 Punkte (6 x 1 P.)

Aufgabe 4: Unterstreiche die 33 Pronomen und bestimme deren Fälle!

Das hatte sich leider angekündigt. Sie hatten einfach nicht kapiert, dass sie das Geld, das sie gefunden hatten, nicht behalten konnten. Es war einfach nicht richtig, auch wenn es sich vorerst verführerisch anhörte, was *sie* uns über das Geld erzählte: Es sei von diesen erst durch Drogenverkauf verdient worden, dann von jenen gestohlen worden, dann von weiteren versteckt worden. Und wir hätten es gefunden und niemandem gehe es ab. Ich hatte versucht, sie zu überzeugen, es der Polizei zu übergeben, aber ihre Gier war größer. Jetzt sitzen sie in der Zwickmühle – die einen, die Gangster, sind hinter ihnen her, weil sie ihr Geld zurückwollen, die anderen, die Polizei, ist hinter ihnen her, weil diese denkt, meine Freunde wären Drogenkuriere. Das kann ja noch heiter werden. Ich denke, ich muss ihnen reinen Wein einschenken.

11 Punkte (33 x 0,33 P.)

28 bis 30 Punkte	➤	Sehr gut	20 bis 23 Punkte	➤	Befriedigend
24 bis 27 Punkte	➤	Gut	unter 20 Punkten	➤	Wiederhole den Test!

Kreuze an!	☺	😐	☹
Ich beherrsche die Unterscheidung der grammatikalischen Fälle.			

Gesamtpunktezahl

Testdauer:
30 min

TEST 18: Verbformen

Aufgabe 1: Füge die passenden Verbformen des Imperativs ein!

8 Punkte
(8 x 1 P.)

Infinitiv	Imperativ 2. Pers. Sg.	Imperativ 2. Pers. Pl.
1. hinschauen		
2. zieren		
3. googeln		
4. vertikutieren		
5. verlieren		
6. anrufen		
7. zusammensetzen		
8. layouten		

Aufgabe 2: Unterstreiche alle Verben der 16 Prädikate und bestimme Vollverb (VV), Hilfsverb (HV) und Modalverb (MV)!

8 Punkte
(16 x 0,5 P.)

Wir waren einmal fünf gewesen. Jetzt sind wir noch zwei. Meine ganze Familie ist zerrissen worden. Wir sind hierhergekommen, weil in unserem Land Krieg geherrscht hat und alles kaputtgegangen war. Wir konnten dort nicht mehr zur Schule gehen, spielen oder arbeiten. Denn es gab keine Schule, keinen Spielplatz, keine Fabrik mehr. Wenn wir dort eine Zukunft gesehen hätten, wären wir geblieben, denn wer verlässt schon gerne seine Heimat? Also suchten wir in Österreich um Asyl an. Wir dürfen aber nicht bleiben, denn die Behörden sagen, dass der UNHCR* unser Heimatland drei (!!!) Tage vor unserer Ankunft in Österreich wieder als SICHER eingestuft hat. Drei Tage – was ändert sich in drei Tagen?!

---

* UN-Flüchtlingshochkommissariat

Aufgabe 3: Formuliere diese Sätze als Befehlssätze!

1. Petra, Bernadette, könnt ihr beim nächsten Mal pünktlich sein?

___

2. Du musst dich in Zukunft ein bisschen mehr anstrengen.

___

3. Warum lauft ihr nicht schon voraus, wir möchten uns noch allein unterhalten.

___

4. Könnten Sie mir einen Apfelsaft mit Leitungswasser bringen und eine Buttersemmel?

___

5. Ihr sollt euch doch gefälligst in Zweierreihen aufstellen!

___

6. Wir dürfen uns nicht aus der Ruhe bringen lassen.

___

7. Charlie, du musst endlich zu lachen aufhören, sonst lachen alle mit.

___

8. Es wird eure Aufgabe sein, den Täter zu suchen.

___

8 Punkte (8 x 1 P.)

Aufgabe 4: Ordne den Aufforderungen die passenden Reaktionen zu!

1. Verlagere dein Gewicht beim Snowboarden mit dem Oberkörper!
2. Unterschreibt die Glückwunschkarte für euren Großvater!
3. Fügen Sie nun den Text in das vorher markierte Feld ein!
4. Vergleiche die beiden T-Shirts nach Qualität und Preis!
5. Ruhe! Hört jetzt endlich auf, euch zu streiten!
6. Herbert, trink das!

a) Aber Mama, wir diskutieren doch nur.
b) Herr Hintergschwandtner zieht mit verkrampfter Hand den Cursor über den Bildschirm.
c) Bäh, die Medizin schmeckt aber nach eingeschlafenen Füßen.
d) Ich lehne mich nach rechts.
e) Meine Schwester holt eine Füllfeder mit schöner blauer Tinte.
f) Mir gefällt aber ganz einfach das blaue besser.

6 Punkte (6 x 1 P.)

28 bis 30 Punkte	➤	Sehr gut	20 bis 23 Punkte	➤	Befriedigend
24 bis 27 Punkte	➤	Gut	unter 20 Punkten	➤	Wiederhole den Test!

Gesamtpunktezahl

Kreuze an!	☺	😐	☹
Ich beherrsche die Bildung von unterschiedlichen Verbformen.			

Testdauer:
30 min

TEST 19: Konjunktionen

Aufgabe 1: Korrigiere die Satzverbindungen!

1. Das Grundstück, wo sie gewohnt haben, ist durch die Abwässer der nahen Lederfabrik verseucht.

2. Mein Großvater erzählte uns von einer Schlacht in Stalingrad, wo er schlimme Entscheidungen treffen musste und wo er dann auch gefangen genommen wurde.

3. Ich glaube, dass wenn wir bald den Termin fixieren, keine Probleme mit der Organisation haben werden.

4. Der neue Zahnarzt machte auf mich ganz schön Eindruck, in dem er meinen Weisheitszahn fast schmerzlos entfernte.

5. Der neue Zahnarzt zieht in das Labor ein, indem vorher die Blutbank ihren Sitz gehabt hat.

6. Die alte Frau Müller, wo der Hausmeister nachfragt, lebt schon lange im Pflegeheim.

8 Punkte
(8 x 1 P.)

Aufgabe 2: Setze die fehlenden Konjunktionen (Bindewörter) ein!

Der peruanische Galgen (1)________ *Freiheit und Gerechtigkeit*

Eine alte peruanische Sage berichtet von einer Stadt, (2)________ alle glücklich waren. Ihre Bewohner taten, (3)________ ihnen gefiel, (4)________ kamen gut miteinander aus. Nur der Bürgermeister war traurig, (5)________ er hatte nichts, (6)________ er regieren konnte. Das Gefängnis war leer, das Gerichtsgebäude wurde nie benutzt (7)________ der Notar verdiente nichts, (8)________ das Wort mehr galt als das Papier.

Eines Tages rief der Bürgermeister einige Handwerker aus einem entlegenen Ort zu sich, (9)________ sie um den Platz in der Mitte der Stadt einen Holzverschlag bauten. Eine Woche lang war das Hämmern und Sägen zu hören.

Am Ende der Woche lud der Bürgermeister alle Bewohner der Stadt zur Einweihung ein. Feierlich wurde der Holzverschlag entfernt, (10)________ vor ihren Augen stand – ein Galgen.

Die Leute fragten sich, (11)________ der Galgen dort mache. Ängstlich begannen sie, das Gericht bei Angelegenheiten einzuschalten, (12)________ sie zuvor einvernehmlich geregelt hatten. Sie gingen zum Notar, (13)________ Dokumente registrieren zu lassen, (14)________ Inhalt zuvor mündlich vereinbart worden war. (15)________ sie begannen aus Furcht vor dem Gesetz auf den Bürgermeister zu hören.

Die Sage behauptet, (16)________ der Galgen nie benutzt wurde. Allein seine Anwesenheit veränderte alles.

(Leicht verändert nach Paulo Coelho: Unterwegs. Geschichten und Gedanken. Zürich: Diogenes. 1999. S. 49f.)

8 Punkte
(16 x 0,5 P.)

Aufgabe 3: Verbinde die unten angeführten Sätze sinnvoll einmal mit *weil* und einmal mit *denn*!

1. Peters kleiner Bruder steht vor dem Kühlschrank, weil ______ denn ______
2. Endlich ist es in unserer Wohnung wieder warm, ______ ______
3. Mia hat sich bei einem Sturz den Unterarm gebrochen, ______ ______
4. Im Winter muss man den Gehsteig vom Schnee säubern, ______ ______
5. Ich muss das Schrägfenster am Dachboden schließen, ______ ______

a) Das Treppenschutzgitter war offen.
b) Er hat Lust auf ein Schinkenbrot.
c) Es regnet sonst herein.
d) Der Installateur hat die Heizung repariert.
e) Sonst könnten Passanten ausrutschen.

10 Punkte (10 x 1 P.)

Aufgabe 4: Setze *das* oder *was* als Verweiswörter ein!

1. ______ dem einen die zentrale Frage des Lebens ist, ______ ist dem anderen lediglich ein Lächeln wert.
2. Das Lokal, ______ neu eröffnet hat, hat genau ______ alles, ______ ich mir unter einer gemütlichen Chillzone vorstelle.
3. ______ er gestern zu meiner Freundin gesagt hat, ______ geht ja wohl auf keine Kuhhaut.
4. ______ wird nie 100%ig geklärt werden können, ______ gestern unter diesen mysteriösen Umständen geschehen ist.
5. Warum wird ______, ______ wir eigentlich meinen, durch ______, ______ wir dann sagen, so oft nicht genau ausgedrückt?
6. „______ für eine Verschwendung!", riefen die einen, „______ ist doch nicht gerecht!", stimmten die anderen ein, aber die Dritten meinten: „______ vergönne ich jedem!", als sie von seinem Lottogewinn erfuhren.

4 Punkte (16 x 0,25 P.)

28 bis 30 Punkte	➤	Sehr gut	20 bis 23 Punkte	➤	Befriedigend
24 bis 27 Punkte	➤	Gut	unter 20 Punkten	➤	Wiederhole den Test!

Kreuze an!	☺	😐	☹
Ich beherrsche die Anwendung von Konjunktionen (Bindewörtern).			

Gesamtpunktezahl

TEST 20: Konjunktiv und indirekte Rede

Testdauer: 30 min

Aufgabe 1: Beantworte folgende Fragen!

1 Punkt (2 x 0,5 P.)

1. Aus welcher Verbform wird der Konjunktiv I (Konjunktiv Präsens) abgeleitet?

____

2. Aus welcher Verbform wird der Konjunktiv II (Konjunktiv Präteritum) abgeleitet?

____

Aufgabe 2: Setze die passenden Konjunktivformen ein!

14 Punkte (14 x 1 P.)

Indikativ Präsens	Konjunktiv I	Konjunktiv II
1. sie geht		
2. du bist		
3. ich fliege		
4. wir tun		
5. er lässt		
6. ihr zögert		
7. sie belagern		
8. sie sehen		
9. ich breche		
10. sie ruft an		
11. es will		
12. es muss		
13. sie schlagen		
14. wir stehen		

TIPP Wenn der Konjunktiv I mit dem Indikativ ident ist, muss der Konjunktiv II verwendet werden!

Aufgabe 3: Formuliere als irreale Konditionalsätze („Wenn ...)!

1. Ich bin nicht rechtzeitig auf dem Flughafen. Ich habe die Maschine nicht erwischt.

____

2. Unser Fußballteam verwandelt in der letzten Minute den Strafstoß nicht. Es gewinnt nicht.

____

3. Meine Mutter erfährt von der eingeschlagenen Fensterscheibe. Mein Bruder hat mich verraten.

____

4. Wir sind in einem Stau gesteckt. Wir sind nicht rechtzeitig zum Konzert gekommen.

____

4 Punkte (4 x 1 P.)

Aufgabe 4: Verwandle die direkten in indirekte Reden (ohne das Hilfsverb würde)! Beachte auch die Änderung der Zeit auf Präteritum!

Achtung: Fürwort ändern mit!

Drei Männer fliegen in einem Heißluftballon durch einen Canyon. Einer meint: „Wir verlieren die Orientierung." Einer der drei Männer hat eine Idee: „Wir sollten einfach um Hilfe rufen!" Er lehnt sich aus dem Korb und schreit, so laut er kann: „Hallllloooooo! Kann uns jemand sagen, wo wir uns befinden?"
Nach etwa 15 Minuten bekommen sie eine Antwort von unten zugerufen: „Halllllooooo! Sie sitzen in einem Heißluftballon." Darauf meint einer der drei Männer: „Das muss ein Mathematiker gewesen sein." Seine Kollegen fragen ihn: „Wieso weißt du das?" – „Das lässt sich leicht begründen", antwortet er. „Erstens hat seine Antwort sehr lange gedauert. Zweitens ist die Antwort richtig. Drittens nutzt sie niemandem."

(Nach Holger Dambeck: Numerator. Mathematik für jeden. München: Goldmann Original. 2009. S. 94)

Drei Männer flogen ____

____

____

____

____

____

____

____

____

11 Punkte (11 x 1 P.)

28 bis 30 Punkte ➤ Sehr gut		20 bis 23 Punkte ➤ Befriedigend	
24 bis 27 Punkte ➤ Gut		unter 20 Punkten ➤ Wiederhole den Test!	

Kreuze an!	☺	😐	☹
Ich beherrsche den Konjunktiv und die indirekte Rede.			

Gesamtpunktezahl

TEST 21: Satzarten

Testdauer: 25 min

Aufgabe 1: Unterstreiche die 14 Nebensätze (Gliedsätze)!

7 Punkte (14 x 0,5 P.)

Dias von Tante Adele

Wenn einer eine Reise tut, dann hat er etwas zu erzählen. Diesem Spruch bleibt meine Tante Adele treu. Damit auch wir Nichten und Neffen etwas davon haben, werden wir jedes Jahr mit einer Einladung beglückt, auf der ganz harmlos „zu Tee und Schokokuchen" prangt. Mittlerweile wissen wir, was dahintersteckt: blanke Folter, denn Tante Adele besitzt noch einen Diaapparat aus dem Jahre Schnee. Ich persönlich denke ja, dass diese Apparatur ursprünglich von der Spanischen Inquisition erfunden worden ist, damit alle Teenager Küchendienst oder freiwillige Zusatzhausübungen erledigen, nur damit sie den muffigen, verdunkelten Nachmittagen bei ihren Tanten entrinnen. Aber was tut man nicht alles für den Familienfrieden. Als Tante Adele nach gestoppten 2h41m34s ihr letztes Bild eines Krebses, der auf einer Muschel sitzt, die am Strand liegt, der vor ihrem Hotel verläuft, das neben zwanzig anderen und doch gleichen Hotels steht, weggedrückt – so heißt das bei Diaapparaten – hat, ist es draußen schon dämmrig. Wir verabschieden uns und versprechen, dass wir uns schon auf die Bilder ihrer nächsten Reise freuen würden, weil uns diese sooooo gut gefallen hätten. Dafür bekommen wir jeder zumindest ein Lächeln und 10 Euro, denn auch Tante Adele ist nicht ganz von gestern.

Aufgabe 2: Unterscheide die unterstrichenen Nebensätze nach Objektsatz, Subjektsatz oder Attributsatz!

10 Punkte (10 x 1 P.)

Der Oskar ist die wichtigste Auszeichnung, die in der Filmbranche vergeben wird. Gespannt warten ProduzentInnen, SchauspielerInnen und RegisseurInnen darauf, dass die Kuverts auf der Bühne geöffnet werden und dass gesagt wird: „And the Oscar goes to ..." Auch Österreich, das als Filmland ja nicht gerade ein Riese ist, hat schon Statuetten mit nach Hause genommen. Dass 2008 Stefan Ruzowitzky mit dem Film *Die Fälscher*, dessen Handlung im Zweiten Weltkrieg in einem KZ spielt, den Auslandsoskar gewonnen hat, war schon eine Sensation. Dass zwei Jahre später mit Christoph Waltz, der ebenfalls in einem NS-Film einen Judenjäger spielt, schon wieder ein Österreicher einen kleinen Goldkerl einsteckt, ist doch überraschend. Einige Filmkritiker in Österreich sind jedoch trotzdem verärgert, dass 2010 nicht auch noch der Auslandsoskar an Michael Haneke gegangen ist, der ja dafür Favorit gewesen ist.

Aufgabe 3: Unterstreiche die Nebensätze und schreibe die Satzart dazu (Auswahl im Kasten unten)!

1. Wie man in den Wald ruft, so schallt es zurück.
2. Obwohl die Lehrerin streng auftritt, mögen sie die Kinder.
3. Philipp ist ein äußerst musikalischer Typ, trotzdem hat er es nicht in die nächste Castingrunde geschafft.
4. Während mich die Müdigkeit übermannte, stahl man mir meinen Pass und meine Brieftasche, weil ich beides nicht direkt am Körper getragen hatte.
5. Nachdem er in der Nacht nicht nach Hause gekommen war, setzte ihn seine Freundin auf die Straße.
6. Dass er den Zug noch erwischt hat, grenzt an ein Wunder.
7. Die ältere Dame wirkte während des Essens fahrig, also schon bevor sie den Nervenzusammenbruch erlitt.
8. Ein Vater, der mit Anzug und Krawatte vor des Direktors Büro lauerte, verlieh der Pausensituation etwas Groteskes.
9. Indem er ständig mit den Fingern auf den Tisch trommelte, störte er den Vortrag, den seine Vorgesetzte organisiert hatte.
10. Wenn Kaspar seine Suppe gegessen hätte, wäre er nicht am fünften Tage gestorben.
11. Damit die Übung endlich ein Ende hat, bestimmen wir auch diesen Satz noch!

13 Punkte (13 x 1 P.)

Temporalsatz (Zeitsatz)	**Relativsatz (Beifügungssatz)**
Subjektsatz	**Finalsatz (Zwecksatz)**
Kausalsatz (Begründungssatz)	**Konzessivsatz (Einräumungssatz)**
Modalsatz (Artsatz)	**Konditionalsatz (Bedingungssatz)**

28 bis 30 Punkte	➤	Sehr gut	20 bis 23 Punkte	➤	Befriedigend
24 bis 27 Punkte	➤	Gut	unter 20 Punkten	➤	Wiederhole den Test!

Gesamtpunktezahl

Kreuze an!	☺	😐	☹
Ich beherrsche die Bedeutung und Unterscheidung der verschiedenen Satzarten.			

Testdauer: 20 min

TEST 22: Präpositionen

Aufgabe 1: Füge die passenden Präpositionen ein!

AN – AUF – AUS – DANK – DURCH – HINTER – IM – IN – MIT – NACH – NEBEN – TROTZ – UM – UNTER – VON – VOR – WÄHREND – WEGEN – ZU – ZWISCHEN

Scheinbar ______ einer Laune heraus war der Junge ______ Pyjama ______ das Dach geklettert. Nun stolzierte er __________ dem Schornstein vorbei und stellte sich _________ die TV-Antenne. Seinen Stoffhasen hielt er immer noch ______ sich gedrückt, während ______ ihm schon die Feuerwehr ______ heulender Sirene ankam. So etwas wäre ______ ihrem Haus noch nicht vorgekommen, weinte seine Mutter, die ______________ der Lockenwickler im Haar etwas komisch aussah. ______ ein paar Minuten schlich auch schon sein jüngerer Bruder _____________ den Feuerwehrwagen herum. Sein Vater versuchte ______ die Dachluke ______ ihm zu gelangen. Als der Vater endlich ______ dem Knaben stand, erkannte er ___________ der hellen Scheinwerfer der Feuerwehr, dass sein scheinbar ______ allen guten Geistern verlassener Sohn schlafwandelte und ________________ all dem, was ______ ihn herum geschehen war, nicht aufgewacht war. Bei dem nächtlichen Spaziergang war ______ der gefährlichen Situation glücklicherweise nichts passiert.

10 Punkte (20 x 0,5 P.)

Aufgabe 2: Setze ein: die Vorwörter *im* oder *in*, *in* (als Gegenteil von *out*), *Inn* (der Fluss), *Inn* (ein Lokal)!

1. ____ dem Baum vor meinem Fenster wohnt ein Buntspecht.

2. ____ der Hauptstadt Tirols, ____sbruck, zu wohnen ist ziemlich teuer, aber _____.

3. Ich werde sicher nicht mehr ____ dein Zimmer gehen, solange auf deinem Bett noch die Spinne herumirrt.

4. ____ Hinblick auf die ____ Herbst stattfindenden Konzerte, die ____ Eventkalender stehen, wird man ____ diesem Jahr vorher sparen müssen, um ____ alle gehen zu können.

5. ____ Sommer, ____ der Ferienzeit, stehen ____ Schärding am ____ diverse Ausschankhütten, sogenannte ____s, direkt am ____ufer. ____ diesen _____s ist immer was los, die sind ganz schön ____ am ____.

10 Punkte (20 x 0,5 P.)

Aufgabe 3: Bestimme, welcher Fall zu welcher Präposition gehört!

In meinen kühnsten Träumen (____) hatte ich mir den Aufstieg nicht so mühselig vorgestellt. Auf meinem Weg (____) versuche ich immer wieder in die Fußstapfen (____), die vor mir (____) getreten worden sind, zu steigen, damit ich mit meinen Schneeschuhen (____) Halt finde. Wegen der dünnen, eisigen Luft (____) geht es ohne Keuchen (____) nicht mehr.

In Gedanken (____) liege ich auf einer Couch (____) und wühle während meiner Lieblingsserie (____) in einer Packung Chips (____), deren Inhalt ich mir genüsslich in den Mund (____) schiebe. Tja, von meiner großkotzigen Aussage (____), dass auf diesen Gipfel (____) doch jedes Kindergartenkind steigen könne, war nicht mehr viel übrig. Auch aus diesem Grund (____) schleppe ich mich über das nächste Eisfeld.

Nahe dem Gipfel (____) brechen wir durch die Wolkendecke (____). Wie durch Zauberhand (____) öffnet sich der Vorhang zu einer unendlichen Weite (____). Und über mir (____) nur Himmel.

10 Punkte
(20 x 0,5 P.)

28 bis 30 Punkte	➤	Sehr gut	20 bis 23 Punkte	➤	Befriedigend
24 bis 27 Punkte	➤	Gut	unter 20 Punkten	➤	Wiederhole den Test!

Gesamtpunktezahl

Kreuze an!	☺	😐	☹
Ich beherrsche die Anwendung von Präpositionen.			

Testdauer:
30 min

TEST 23: Präpositionen mit Fällen

Aufgabe 1: Präpositionen mit dem Dativ. Setze die in Klammer stehenden Wörter und ihre Begleiter richtig ein!

6 Punkte
(12 x 0,5 P.)

1. Du bringst mich zur Weißglut, ich könnte *aus* __________ (Haut) fahren!
2. Vater ist sehr stolz auf meinen Bruder, da er jetzt *bei* __________ (Zeitung) arbeitet.
3. *Aus* __________ (Internet) Waren zu bestellen, wurde uns *von* __________ (Eltern) verboten.
4. Viele Umweltexperten betonen immer wieder, dass wir *mit* __________ (Rohstoffe) der Erde sorgsam umgehen sollen.
5. Alle aus der Klasse haben sich für die Exkursion angemeldet, alle *außer* __________ (er).
6. *Nach* __________ (reifliche Überlegung) sind wir *zu* __________ (Entschluss) gelangt, dass der *von* __________ (er/Höflichkeitsform) eingereichte Antrag *von* __________ (höhere Instanz) begutachtet werden muss.
7. *Entgegen* __________ (erste Annahme) war er doch schuldlos.
8. Wenn wir diese Kränze endlich fertig gebunden haben, dann kommt ihr noch *zu* __________ (wir) auf einen kühlen Trunk.

Aufgabe 2: Verfasse mit den angegebenen Präpositionen, die den Dativ verlangen, je einen eigenen Satz zum Thema *Umwelt*!

7 Punkte
(7 x 1 P.)

1. entgegen: __________
2. nach: __________
3. von: __________
4. zu: __________
5. aus: __________
6. mit: __________
7. außer: __________

Aufgabe 3: Präpositionen mit dem Akkusativ. Setze richtig ein!

5 Punkte
(10 x 0,5 P.)

1. *Gegen* __________ (Schüler) wird nun doch keine Disziplinarmaßnahme ausgesprochen.
2. Der Meisterkoch wurde erst *durch* __________ (Kochshow) berühmt.
3. Die Klasse hatte den Raum zu streichen begonnen, *ohne* __________ (Schulleitung) oder __________ (Klassenvorstand) *um* __________ (Erlaubnis) zu fragen.
4. Oh, das ist aber entzückend; sind die Rosen wirklich *für* __________ (ich)?
5. *Um* __________ (Fragen) der Reporter zu entgehen, hatte sich der Promi *durch* __________ (Hintereingang) geschlichen.
6. Ein sehr bekanntes Lied, das *für* __________ (eigenständig Denken) eintritt, heißt: „Ich will *wider* __________ (Geläut) der Leute."

Aufgabe 4: Verfasse mit den angegebenen Präpositionen, die den Akkusativ verlangen, je einen eigenen Satz zum Thema *Computerspiele*!

1. gegen: ______________________________

2. durch: ______________________________

3. ohne: ______________________________

4. um: ______________________________

5. für: ______________________________

6. wider: ______________________________

6 Punkte (6 x 1 P.)

Aufgabe 5: Trage die Begriffe in Klammern im richtigen Fall ein!

1. Markus Rogan konnte wegen ____________ (seine Stärke) auf ____________ (letzte Länge) den Führenden noch abfangen.

2. Meine Eltern haben nichts gegen ________ (Sport) im ____________ (Fernsehen), solange das Programm von ________ (sie, Plural) ausgesucht worden ist.

3. Entgegen ______________________ (Einschätzung) der Sportpresse hat Hermann Maier in ______________________ (Pressekonferenz) seinen Rücktritt vom ______________________ (aktiver Rennsport) bekannt gegeben.

4. Kraft ____________ (sein Amt) konnte der Vorsitzende des Olympischen Komitees die des Dopings überführte Langläuferin von ______________________ (Olympische Spiele) ausschließen.

5. Auch in ______________________ (rhythmische Sportgymnastik) kam es schon zu ______________________ (belegter Dopingfall, Plural).

6. In ____________ (dieses Geschäft) geht es vorrangig um ____________ (Einschaltquote), dank ______ (die/Singular/Relativpronomen) in ____________ ______________ (verschiedene Sportarten) wie Fußball, Tennis, Golf, Eishockey oder Basketball von ______________________ (unglaubliche Summen) die Rede ist.

6 Punkte (je Satz 1 P.)

28 bis 30 Punkte	➤	Sehr gut	20 bis 23 Punkte	➤	Befriedigend
24 bis 27 Punkte	➤	Gut	unter 20 Punkten	➤	Wiederhole den Test!

Gesamtpunktezahl

Kreuze an!	☺	😐	☹
Ich beherrsche die Fälle, die zu bestimmten Präpositionen gehören.			

Testdauer: 20 min

TEST 24: Pronomen

Aufgabe 1: Übersetze das Fremdwort. Wenn du es nicht auf Anhieb weißt, schlage im Wörterbuch nach!

2 Punkte (6 x 0,33 P.)

Fremdwort	Übersetzung	Namensgeber für
1. demonstrativ	__________	__________pronomen
2. indefinit	__________	__________pronomen
3. relativ	__________	__________pronomen
4. interrogativ	__________	__________pronomen
5. possessiv	__________	__________pronomen
6. reflexiv	__________	__________pronomen

Aufgabe 2: Welches Pronomen steckt im Satz? Unterstreiche und bestimme es!

6 Punkte (6 x 1 P.)

1. Karl hat sich beim Sprung vom 10-Meter-Turm das Handgelenk verstaucht.

2. Das Team hat leider nicht begriffen, was der Trainer in der Kabine gepredigt hat.

3. Dieses Mal ist der jugendliche Gewalttäter noch mit einer milden Strafe davongekommen.

4. Über die Sparbuchzinsen, die die Bank gegenwärtig anbietet, kann die Kundin nur lachen.

5. Den genauen Verlauf des Spiels kann jeder via Livestream im Netz verfolgen.

6. Immer zu den Feiertagen besuchen unsere Eltern ihre Großtante Cilli im Defereggental.

Aufgabe 3: Ordne die Wörter der passenden Spalte zu. Achtung, manche Pronomen können zwei Bedeutungen haben!

10 Punkte (20 x 0,5 P.)

ANDERER – BEIDE – DAS – DAS – DEINES – DEN – DEREN – DESSEN – DICH – DIESES – JEDE – JENE – IHR – IHR – MANCHE – MEINER – MEINER – UNS – UNSER – WENIGE

Personalpr.	Demonstrativpr.	Possessivpr.	Indefinitpr.	Relativpr.

Aufgabe 4: Auf welches Wort oder welchen Textteil verweisen die unterstrichenen Pronomen?

Beißen Sie lieber die Zähne zusammen (Ausschnitt)

Niemand stirbt an Zahnschmerzen. Es sind immer _andere_ Körperteile, _die_ irgendwann mit letaler Wirkung schlappmachen. Und doch rennen wir nicht zweimal im Jahr zum Hausarzt, um _uns_ komplett durchchecken zu lassen. ______

[...]

Das Problem heißt Eitelkeit. Es kriegt niemand mit, wenn _sich_ an Ihrer Milz eine Zyste von der Größe eines ausgewachsenen Kohlkopfs gebildet hat. Aber wenn sich Ihre Backenzähne braun verfärben und eine Zahnfleischentzündung _sich_ Ihres Gaumens bemächtigt, ist Ihr Mundwerk ein Abbild _dessen_, was sich Frauen unter der Hölle vorstellen. Es gibt vier verschiedene Arten von Zähnen. Es gibt die Eckzähne, _die_ dafür benutzt werden, einen Klumpen Fleisch herauszureißen. Es gibt die Schneidezähne, die _ihrem_ Namen gemäß dafür da sind, _es_ zu zerschneiden. Es gibt die Backenzähne, um _es_ zu zermalmen. Und dann gibt es die amerikanischen Zähne, die dafür gemacht sind, auf dem Titelblatt des *Hello!*-Magazins zu erscheinen.

Aber amerikanische Zähne bekommen Sie nicht einfach mit regelmäßigem und sorgfältigem Einsatz von Zahnpasta und Zahnseide. Noch könnten Sie sich mit einem Zahnbleaching das Lächeln von Victoria Beckham ins Gesicht zaubern.

Nein, um an Zähne zu kommen, _die_ noch eine Spur perfekter sind als _alles_, _was_ die Natur zuwege gebracht hat, brauchen Sie ein paar Millionen Pfund.

(Jeremy Clarkson [Übersetzer: Thaddäus Zobel]: Die Nacht, in der ich David Beckham erschoss. Reihe: covadonga schräg + scheckig. Bielefeld: 2008. S. 93)

12 Punkte (12 x 1 P.)

28 bis 30 Punkte	➤	Sehr gut	20 bis 23 Punkte	➤	Befriedigend
24 bis 27 Punkte	➤	Gut	unter 20 Punkten	➤	Wiederhole den Test!

Gesamt-punktezahl

Kreuze an!	☺	😐	☹
Ich beherrsche die Unterscheidung und Anwendung von Pronomen.			

Testdauer: 30 min

TEST 25: Satzglieder

Aufgabe 1: Übersetze in den lateinischen Fachbegriff!

2 Punkte (4 x 0,5 P.)

Zeitergänzung: ____________________ Umstandsergänzung: ____________________

Ortsergänzung: ____________________ Begründungsergänzung: ____________________

Aufgabe 2: Streiche die Satzglieder, die nicht unbedingt nötig sind, und schreibe den Satz daneben hin!

6 Punkte (6 x 1 P.)

1. Heute Morgen bin ich im Bus neben meiner großen Liebe gesessen. ____________________
2. Auf dem Weg zum U2-Konzert lief uns ein Reh vor den Wagen. ____________________
3. Dass ich bei DSDS gewinnen würde, steht ja wohl seit meinem ersten Auftritt außer Frage. ____________________
4. Auch wenn er sich wegen seiner Freundin komplett danebenbenommen hat, bleibt er trotzdem mein Bruder. ____________________
5. Mit meinem neuen Handy mit den ganzen Sonderfunktionen kann ich sogar schnurlos telefonieren! ____________________
6. Also ich beneide ihn ja ein wenig wegen seiner coolen Art. ____________________

Aufgabe 3: Schreibe die acht unterstrichenen Umstandsergänzungen der Sätze aus Aufgabe 2 heraus und bestimme sie!

8 Punkte (8 x 1 P.)

1. ____________________ ____________________
2. ____________________
3. ____________________
4. ____________________
5. ____________________
6. ____________________ ____________________

TEST 25: Satzglieder (D21; D41, D42, D44)

Aufgabe 4: Bestimme die unterstrichenen Satzglieder!

Der Mercedesfahrer oder Vorschnelle Schlüsse

Ein Mann fuhr einen Luxuswagen und hatte eine Reifenpanne. Als er den Reifen wechseln wollte, bemerkte er, dass der Wagenheber fehlte. „Nun, dann werde ich zum nächsten Haus gehen und mir einen ausleihen“, dachte er und machte sich auf den Weg. „Vielleicht wollen sie, wenn sie meinen Wagen sehen, Geld dafür haben“, sagte er sich. „Bei so einem Wagen werden sie von mir, wenn ich um Hilfe bitte, sicher zehn Dollar verlangen. Nein, vielleicht verlangen sie fünfzig, weil sie wissen, dass ich den Wagenheber dringend brauche.“ Je näher er dem Haus kam, desto höher stieg der Preis. Als er beim Haus anlangte und der Besitzer die Tür öffnete, schrie er: „Sie sind ein Dieb! Ein Wagenheber ist nicht so viel wert! Sie können ihn behalten!“

[…]

(Paulo Coelho: Unterwegs. Geschichten und Gedanken. Zürich: Diogenes. 1999. S. 73f.)

8 Punkte (16 x 0,5 P.)

Aufgabe 5: Setze den obigen Text in die indirekte Rede!

TIPP Wenn Indikativ (Istform) und Konjunktiv I die gleiche Form haben, musst du den Konjunktiv II verwenden!

6 Punkte

28 bis 30 Punkte	➤	Sehr gut	20 bis 23 Punkte	➤	Befriedigend
24 bis 27 Punkte	➤	Gut	unter 20 Punkten	➤	Wiederhole den Test!

Kreuze an!	☺	😐	☹
Ich erkenne unterschiedliche Satzglieder.			

Gesamtpunktezahl

TEST 26: Wortarten

Testdauer: 20 min

Aufgabe 1: Übersetze in den lateinischen Fachbegriff!

2 Punkte (6 x 0,33 P.)

Eigenschaftswort ______________________ Geschlechtswort ______________________

Vorwort ______________________ bezügliches Fürwort ______________________

beigefügt ______________________ umstandswörtlich ______________________

Aufgabe 2: Ordne die Wörter der passenden Spalte zu!

10 Punkte (20 x 0,5 P.)

HART – AGGREGATZUSTAND – SELTSAM – JOGGEN – ERWARTUNG – SCHLENDERTE – ELEMENT – HEUTE – VIELLEICHT – IHRER – JEDER – FEINER – PLUMP – STIESS – WITZIG – REPARIEREN – LAG – LUST – MICH – DARAUF

Nomen	Adverb	Verb	Adjektiv	Pronomen

Aufgabe 3: Unterstreiche die zwölf Adjektive (Eigenschaftswörter) und schreibe sie auf der nächsten Seite in die Tabelle!

6 Punkte (12 x 0,5 P.)

Wer nicht wirbt, der stirbt

„Schokolade ist die zarteste Versuchung, seit es Kakao gibt.“

Durch häufiges Aufscheinen in der Öffentlichkeit werden Produkte erst bekannter.

Ein pfiffiger Slogan muss daher eingängig und leicht zu merken sein.

Erst die lautstarke Wiederholung lässt Werbung erfolgreicher werden.

Von zwei Schokoriegeln wird nicht der öfter gekauft, der am köstlichsten schmeckt, sondern der, der einprägsamer beworben wird.

Aufgabe 4: Unterscheide die unterstrichenen Adjektive nach *attributiv* (beigefügt) und *adverbial* (einen Umstand oder die Satzaussage beschreibend). Ein *Numerale* (Zahlwort/-adjektiv) ist dabei.

Adjektiv	Bestimmung

Adjektiv	Bestimmung

6 Punkte
(12 x 0,5 P.)

Aufgabe 5: Unterscheide zwischen Artikel (A) und Pronomen (P)!

Na, du bist mir *einer* (____)!

Da hast du doch *dem* (____) Mann, *der* (____) *den* (____) Hut an *den* (____) Haken, *der* (____) dort angebracht ist, gehängt hat, *den* (____) Regenschirm, *den* (____) er doch so dringend gebraucht hätte, hinter *der* (____) Theke versteckt, *deren* (____) Kuchenschaufenster nach *einer* (____) Reinigung mit *der* (____) biologisch abbaubaren Seifenlauge wieder äußerst appetitlich aussieht.

Der wird jetzt nass!

6 Punkte
(12 x 0,5 P.)

28 bis 30 Punkte	➤	Sehr gut	20 bis 23 Punkte	➤	Befriedigend
24 bis 27 Punkte	➤	Gut	unter 20 Punkten	➤	Wiederhole den Test!

Gesamt-
punktezahl

Kreuze an!	☺	😐	☹
Ich beherrsche die Unterscheidung von verschiedenen Wortarten.			

Testdauer:
40 min

TEST 27: Zeiten und Vorzeitigkeit

Aufgabe 1: Setze die richtigen Verbformen ein!

8 Punkte
(32 x 0,25 P.)

Infinitiv	3. Pers. Sg. Präsens	2. Partizip	2. Pers. Pl. Plusquamperfekt	2. Pers. Sg. Futur II
1. binden				
2. versenden				
3. landen				
4. laden				
5. auffädeln				
6. downloaden				
7. sinken				
8. riechen				

Aufgabe 2: Setze den Text ins Präteritum (Mitvergangenheit)!

Die Ups versuchen sich an die Downs heranzupirschen. Sie schlurfen geduckt durch die Hinterhöfe des Viertels und hoffen, irgendwo gegnerische Gangmitglieder in Unterzahl zu erwischen. Nach einer halben Stunde sind sie erfolgreich. Sie erkennen zwei blitzende Mercedessterne, das Markenzeichen der Downs, die auf der Brust zweier Halbwüchsiger prangen. In ihrer Gier nach einer Prügelei rennen sie ohne Auskundschaften der Umgebung auf die beiden zu. Noch bevor sie sie erreichen, werden sie von mindestens 15 anderen Downs umringt. Sie sitzen in der Falle. Die Downs nehmen sie ordentlich in die Mangel, letzten Endes fliehen sie und werden nicht verfolgt. Seit diesem Vorfall lassen sich die beiden rivalisierenden Gruppen in Ruhe.

7 Punkte
(14 x 0,5 P.)

Aufgabe 3: Setze die Sätze ins Präteritum. Achte auf die Vorzeitigkeit!

Bevor Monika in ihren Schulbus gelangen kann, muss sie sich durch ein irres Gedränge kämpfen.
Sobald sie ihre letzten Kräfte mobilisiert hat, zwängt sie sich Richtung Tür.
Sie versucht noch auf die Treppe des Busses zu hüpfen, nachdem sie das Kommando „Vorsicht! Türen schließen!" gehört hat.
Da der Schulbus die Tasche Monikas eingeklemmt hat, wird das Mädchen einige Meter mitgeschleift.
Der Busfahrer stoppt, sobald er die gefährliche Situation erkannt hat, und öffnet sofort die pneumatischen Türen.
Bevor jemand verletzt worden ist, kann größerer Schaden verhindert werden – diesmal!

____

____

____

____

____

____

____

____

____

____

12 Punkte (je Satz 2 P.)

Aufgabe 4: Setze die passenden Formen von Zukunft und Vorzukunft ein!

Nachdem ich in Wien am Westbahnhof ____________________ (ankommen),

__________ ich die U-Bahn Richtung Ernst-Happel-Stadion ____________ (nehmen).

Bevor ich im Stadion meinen Sitzplatz ____________________ (finden),

__________ ich mir noch einen Fanschal ____________ (kaufen).

Nach dem Abpfiff ____________ ich diesen Schal jubelnd ____________ (schwenken),

weil dann die Österreicher die Färinger ____________________ (besiegen).

3 Punkte (6 x 0,5 P.)

28 bis 30 Punkte	➤	Sehr gut	20 bis 23 Punkte	➤	Befriedigend
24 bis 27 Punkte	➤	Gut	unter 20 Punkten	➤	Wiederhole den Test!

Gesamtpunktezahl

Kreuze an!	☺	😐	☹
Ich beherrsche die Bildung der verschiedenen Zeiten.			

Testdauer:
40 min

TEST 28: Wörter aus fremden Sprachen

Aufgabe 1: Finde zehn Wörter in diesem Text, die nicht aus dem Deutschen stammen, erkläre sie und bestimme ihre Herkunft. Nimm dafür auch dein Wörterbuch zur Hand!

Das Projektil schlägt ein

Die erste Geste Lenins auf russischem Boden ist charakteristisch: Er sieht nicht die einzelnen Menschen, sondern wirft sich vor allem auf die Zeitungen. Vierzehn Jahre war er nicht in Russland gewesen, hat er die Erde nicht gesehen, nicht die Landesfahne und die Uniform der Soldaten. Aber nicht wie die anderen bricht dieser eiserne Ideologe in Tränen aus, nicht umarmt er wie die Frauen die ahnungslos überraschten Soldaten. Die Zeitung, die Zeitung zuerst, die Prawda, um zu untersuchen, ob das Blatt, sein Blatt, den internationalen Standpunkt genug entschlossen einhält. Zornig zerknüllt er die Zeitung. Nein, nicht genug, noch immer Patriotismus, noch immer nicht genug in seinem Sinne reine Revolution.
[...]
Aber unerhört ist dann die Antwort, die die Wirklichkeit gibt. Wie der Zug einläuft in den finnischen Bahnhof, ist der riesige Platz davor voll von Zehntausenden von Arbeitern, Ehrenwachen aller Waffengattungen erwarten den aus dem Exil Heimgekehrten, die Internationale erbraust.

(Stefan Zweig: Sternstunden der Menschheit. Vierzehn historische Miniaturen. Fischer Taschenbuch Verlag, Frankfurt/Main, 49. Auflage 2003 [Erstausgabe erschien als Teilsammlung von fünf historischen Miniaturen 1927 im Insel-Verlag, Leipzig], S. 248–249, leicht geändert)

______ : ______
______ : ______
______ : ______
______ : ______
______ : ______
______ : ______
______ : ______
______ : ______
______ : ______
______ : ______

10 Punkte
(10 x 1 P.)

Aufgabe 2: Versuche diese griechischen Fremdwörter zunächst ohne Wörterbuch zu erklären oder zu übersetzen!

Statik: ______
hydraulisch: ______
Biografie: ______
Anglizismus: ______
Paragraf: ______
Philanthrop: ______
Misanthrop: ______
Theorie: ______
Grafologie: ______
Logopädie: ______

5 Punkte
(10 x 0,5 P.)

Aufgabe 3: Verwende jedes dieser in Aufgabe 2 genannten und erklärten Wörter in einem passenden Satz!

Statik: ______________________________

hydraulisch: ______________________________

Biografie: ______________________________

Anglizismus: ______________________________

Paragraf: ______________________________

Philanthrop: ______________________________

Misanthrop: ______________________________

Theorie: ______________________________

Grafologie: ______________________________

Logopädie: ______________________________

5 Punkte
(10 x 0,5 P.)

Aufgabe 4: Übertrage 20 der unterstrichenen Wörter ins „Gebrauchsdeutsche", schreib also die entsprechenden Begriffe aus der englischen Sprache auf!

Grillsauce zum Schnitzel

Total unkühl und aus. Gesichtsbüchern steht noch nicht im Lesebuch, aber Babyspracheglucksen schon. Ich habe diesen Geschäftsfehler sofort in meinem Benutzerkonto veröffentlicht. Nachdem ich noch einige Überprüfungen zwecks meiner neuen Berufsidee, einer Ereignisbewerbung durch altstilistisches Falter-Verteilen von von mir ausgelegten Bildern, in Kombination mit einem Netzinformationspunkt, auf den jeder Dummkopf seine lustigen Besetzungsmagazine von der abgekühlten Nach-der-Veranstaltungs-Feier hinaufladen kann, von meiner Zutunliste erledigt habe, schreibe ich noch meinem engsten Freund, dass er heute Abend nicht wieder mit der Überall-Leisetreter-Kombination antanzt. Das ist definitiv ein Nichtgehen. Momentan ist man einfach eine sehr wichtige Person, wenn die Haltung ein wenig an achtziger Mode erinnert, auch wenn man sich nur ein Fleischlaibchensemmerl im Schnelless-Konzessions-Laden um die Ecke reinzieht.

____

____

____

____

____

____

10 Punkte
(20 x 0,5 P.)

28 bis 30 Punkte	➤	Sehr gut	20 bis 23 Punkte	➤	Befriedigend
24 bis 27 Punkte	➤	Gut	unter 20 Punkten	➤	Wiederhole den Test!

Kreuze an!	☺	😐	☹
Ich erkenne die Bedeutung von Fremdwörtern aus dem Zusammenhang oder aus Wörterbüchern.			

Gesamt-punktezahl

TEST 29: Grammatik – Vermischtes

Testdauer: 35 min

Aufgabe 1: Unterstreiche die 14 Prädikate in dem Text und umrahme sämtliche zehn Modalverben.

Ich möchte manchmal einfach weglaufen. Eigentlich wollte ich ja mal eine coole Schülerin werden, die trotzdem lauter Sehr gut bekommt. Aber das hat nicht sein sollen. Ich komme zwar durch, aber ich kann diesen Druck des unbedingten Müssens fast nicht mehr aushalten. Und jetzt soll ich mich auch noch entscheiden, ob ich in eine andere Schule gehen will oder einen Lehrberuf ergreifen soll. Gott sei Dank sind meine Eltern halbwegs okay und lassen mir noch ein wenig Zeit.

So, ich konzentriere mich aber wieder auf das vor mir Liegende – meine Englischmappe! Denn „Können kommt durch Wollen", sagt mein Paps.

12 Punkte
(24 x 0,5 P.)

Aufgabe 2: Setze den Text aus Aufgabe 1 ins Präteritum!

6 Punkte
(12 x 0,5 P.)

Aufgabe 3: Setze die direkten Reden im Text in die indirekte Rede!

Mathematiker und Frauen

Ein Experimentalphysiker, ein theoretischer Physiker und ein Mathematiker streiten darüber, was besser sei: eine Frau oder eine Freundin.
Der Experimentalphysiker erklärt: „Das ist ganz klar für mich. Ich will eine Freundin, weil man dann verschiedene ausprobieren kann." „Nein, da denke ich ganz anders", meint der Theoretiker, „eine Frau gibt viel mehr Sicherheit und Geborgenheit." Der Mathematiker erwidert daraufhin: „Also ich bevorzuge beides. Wenn ich nicht bei meiner Frau bin, denkt sie, ich sitze bei meiner Freundin, und bei meiner Freundin verhält es sich umgekehrt. So kann ich ungestört in der Bibliothek arbeiten!"

(Nach Holger Dambeck: Numerator. Mathematik für jeden. München: Goldmann Original. 2009. S. 157)

7 Punkte (14 x 0,5 P.)

Aufgabe 4: Ordne die Wörter der passenden Wortartenspalte zu!

WÜTEND – LEICHTMETALL – KOMISCH – EINIGEN – EINIGEN – ENTWARNUNG – BEGANGEN – BIOLOGIE – VORGESTERN – EIGENTLICH – ANDERE – DEN – EKELIG – BESSER – GETIPPT – DARUM – SANIEREN – BRÄCHTE – FRUST – SICH – BESONDERS

Nomen	Adverb	Verb	Adjektiv	Pronomen

5 Punkte (1 P./Spalte)

28 bis 30 Punkte	➤	Sehr gut	20 bis 23 Punkte	➤	Befriedigend
24 bis 27 Punkte	➤	Gut	unter 20 Punkten	➤	Wiederhole den Test!

Gesamtpunktezahl

Kreuze an!	☺	😐	☹
Ich beherrsche Verbformen, Zeiten, Konjunktiv, Wortarten.			

Testdauer: 35 min

TEST 30: Grammatik – Vermischtes

Aufgabe 1: Unterstreiche und bestimme alle 24 Pronomen in dem Text!

Die Simpsons sind eine gelbe Familie aus Springfield. Springfield ist dabei als Synonym für die gesamten USA gemeint, denn es existieren insgesamt sechs Städte, die Springfield heißen, in verschiedenen Bundesstaaten der USA.

Die Familie selbst spiegelt viele Gesellschaftsschichten innerhalb der USA wider: Der Vater, Homer, steht unter anderem für Wankelmütigkeit, Konsumgier, Verantwortungslosigkeit und Egoismus – das alles aber mit Herz! Die Mutter, Marge, steht für den Zusammenhalt in der Familie, die ihr hin und wieder zu viel wird, aber auch dafür, dass viele Frauen ihr Potenzial nicht ausschöpfen. Ein wirkliches Anliegen ist ihr die allgemeine Moral. Bart, der Älteste, hingegen bildet eine Identifikationsfigur für viele Rowdys, denen eine gelungene Schandtat mehr bedeutet als ihre Zukunft, von der sie glauben, sowieso keine zu haben. Lisa ist die Unverstandene, die Gebildete, diejenige, die die richtigen Entscheidungen treffen will zum Wohle der Gesellschaft, der Umwelt, der Demokratie – meistens scheitert sie trotz ihrer Klugheit daran. Maggie, die Jüngste, wird als die Vernachlässigte, die Unterschätzte dargestellt.

„Die Simpsons" ist eine Zeichentrickserie, die deshalb so erfolgreich ist, weil die Zuseherinnen und Zuseher hier über ihr eigenes Leben, das in satirischer Form überspitzt dargestellt wird, lachen können.

8 Punkte (24 x 0,33 P.)

Aufgabe 2: Unterstreiche die zehn Fremdwörter des Textes aus Aufgabe 1, schreibe sie nun auf und erkläre sie!

_____ – _____

_____ – _____

_____ – _____

_____ – _____

_____ – _____

_____ – _____

_____ – _____

_____ – _____

_____ – _____

_____ – _____

10 Punkte (10 x 1 P.)

Aufgabe 3: Setze den Satz „Lisa füttert ihre Katze“ in den verschiedenen Zeiten ins Vorgangs- bzw. Zustandspassiv!

Zeit	Vorgangspassiv	Zustandspassiv
Präsens/Gegenwart	*Die Katze*	*Die Katze*
Präteritum/Mitverg.		
Perfekt/Vergangenheit		
Plusquamp./Vorverg.		
Futur/Zukunft		
Futur II/Vorzukunft		

6 Punkte
(12 x 0,5 P.)

Aufgabe 4: Unterstreiche die Hauptsätze und bestimme in den Haupt- und Nebensätzen die Zeiten!

1. Die Werkstatt hat mir versichert, dass der Laptop bis 17:00 Uhr repariert sein wird.
2. Als Kathrins Freund von ihrem Fahrradunfall gehört hatte, raste er sofort zur Notaufnahme.
3. Der Busfahrer wurde von seinem Dienst entbunden, da aufgekommen war, dass er gar keinen Führerschein besessen hatte.
4. Die Überflutung ist endlich zurückgegangen, nun sind die ersten Schäden sichtbar.
5. Ich werde mich beim Naschen zurückhalten müssen, sonst gehe ich zu sehr in die Breite.
6. Aber einige Vanillekipferl und Zimtsterne werde ich mir schon einverleiben, denn ein paar Rundungen sehen doch sexy aus!

6 Punkte
(6 x 1 P.)

28 bis 30 Punkte	➤ Sehr gut	20 bis 23 Punkte	➤ Befriedigend
24 bis 27 Punkte	➤ Gut	unter 20 Punkten	➤ Wiederhole den Test!

Gesamtpunktezahl

Kreuze an!	☺	😐	☹
Ich beherrsche Pronomen, Fremdwörter, Passiv, Zeiten.			

Testdauer: 50 min

TEST 31: Reportage

Rodeo. Das Mädchen mit dem Lasso 1

Die zwölfjährige McKena braucht viel Mut, wenn sie beim Rodeo durch die Arena galoppiert. GEOlino-Reporter haben sie in ihrer Heimat Kalifornien zu einem Wettbewerb begleitet. 2

McKena sitzt im Sattel, das andere Ende der Arena fest im Blick. Dort, gaaanz weit weg, blökt eine Ziege. Auf die hat es das Mädchen mit der Startnummer sieben abgesehen. Gleich soll McKena – sprich: Mäkenna – das Tier einfangen und ihm die Beine zusammenbinden, so verlangen es die Regeln des Rodeo-Wettbewerbs. Entschlossen schiebt sie sich den Cowboyhut tief in die Stirn. Dann gibt sie ihrem Pferd Bucky einen leichten Tritt in die Seite, und die beiden preschen los, in vollem Galopp auf die Ziege zu. Als sie sich bis auf wenige Meter genähert hat, schwingt sich McKena aus dem Sattel – ohne Bucky zu bremsen! 3

Das waghalsige Manöver ist für die Zwölfjährige nichts Besonderes. Schließlich reitet sie auf Rodeo-Turnieren, seit sie vier Jahre alt ist. Ihr Hobby ist in vielen Gegenden ihrer Heimat, den USA, ein weit verbreiteter Sport. Heute sind zu einem regionalen Wettbewerb in der Nähe von San Diego in Kalifornien fast fünfzig Kinder angereist. Fünfzehn Mädchen treten in McKenas Altersgruppe an. 4

Die hat heute allerdings nicht gerade einen Glückstag: Genau als die junge Rodeo-Reiterin die Ziege packen will, wutscht ihr der Vierbeiner unter den Händen weg. Es dauert ein wenig, bis sie das Tier zu fassen bekommt und mit einem dünnen Strick drei seiner Beine fesselt. Immerhin – der Knoten hält! Aber McKena hat 16,6 Sekunden gebraucht. „Eine miese Zeit“, sagt sie, „die blöde Ziege war einfach zu quirlig.“ McKena gibt ihrem Pferd schnell einen Eimer frisches Wasser. Es ist heiß auf dem Rodeo-Gelände, 33 Grad im Schatten. Der Boden ist so ausgedörrt, dass jeder Huftritt eine braune Staubwolke aufwirbelt. Und obwohl sie mächtig schwitzen, tragen alle Kinder Jeans, Hemden mit langen Ärmeln, breitkrempige Hüte und Stiefel. Baseballmützen oder Turnschuhe sind streng verboten! Die würden nicht zum Cowboy-Stil passen, der beim Rodeo gepflegt wird. 5

McKena und ihre Konkurrentinnen haben heute schon Einiges hinter sich: Sie sind in Windeseile im Slalom zwischen Stangen hindurchgeritten, anschließend mussten sie ihre Pferde durch einen kniffligen Parcours aus Blechtonnen lenken. „Wer eine Stange oder eine Tonne umwirft, kassiert Strafsekunden“, erklärt die junge Rodeo-Expertin die Regeln. 6

Das Schwierigste kommt zuletzt: Alle müssen mit dem Lasso ein Kälbchen fangen. Eine verzwickte Aufgabe, aber McKena hat zuhause hart trainiert. Dazu hat sie im Galopp eine Kuh-Attrappe aus Plastik verfolgt, die ihre 15-jährige Schwester Tyla mit einem Mini-Geländewagen über das Grundstück hinter ihrem Haus zog. Stundenlang. Ob sich das viele Üben gelohnt hat? 7

McKena ist als Letzte dran. Das Gattertor geht auf, ein junges Rind flitzt durch den Staub. Das Mädchen treibt sein drittes Pferd Brady an, das aufs Kälberverfolgen spezialisiert ist. McKena schwingt ihr Lasso – doch das Kalb entwischt! Der Schiedsrichter pfeift den Versuch ab. Mit finsterer Miene reitet die Zwölfjährige vom Kampfplatz. Doch als sie Brady den Sattel abnimmt, lächelt sie schon wieder. Als sie kurz danach sein braunes Fell striegelt, verrät sie eine wichtige Rodeo-Weisheit: „Man muss auch mal verlieren können!“ 8

(Rodeo. Das Mädchen mit dem Lasso. In: Peter-Matthias Gaede (Hg). Geolino. Das Erlebnisheft 10 vom Oktober 2008. Hamburg: Gruner + Jahr AG & Co KG. S. 22–25)

Aufgabe 1 (D14, D19, D26): Lies den Text genau durch und kreuze anschließend das Zutreffende an!

	stimmt	stimmt nicht
1. In Kalifornien verdienen viele Kinder ihr Taschengeld mit Rodeo-Reiten.	☐	☐
2. McKena reitet schon seit zehn Jahren auf Turnieren.	☐	☐
3. McKena hat Schwierigkeiten, die Ziege einzufangen.	☐	☐
4. Baseballmützen und Turnschuhe sind bei Rodeo-Veranstaltungen tabu.	☐	☐
5. Beim Rodeo-Wettbewerb muss man die Beine des Tieres zusammenbinden.	☐	☐
6. McKena muss einen wilden Stier bändigen.	☐	☐
7. Das viele Üben hat sich für das Mädchen diesmal gelohnt.	☐	☐
8. Einer Rodeo-Weisheit zufolge ist Verlieren das Wichtigste.	☐	☐

16 Punkte (8 x 2 P.)

Aufgabe 2 (D17): Um welche Textsorte handelt es sich bei diesem Text? Unterstreiche die richtige Antwort!

Anleitung, Leserbrief, Meinung, Nachricht, Werbung, Fabel, Märchen, Reportage, Kurzgeschichte

2 Punkte (2 x 1 P.)

Aufgabe 3 (D15, D16): Ordne den einzelnen Abschnitten (siehe dazu rechter Textrand) die verschiedenen Überschriften zu!

a. Nachrichtenkörper: *Die Regeln des Rodeo-Wettbewerbs*	Abschnitt 1: ___
b. Schlagzeile	Abschnitt 2: ___
c. Nachrichtenkörper: *Turnierentscheidung*	Abschnitt 3: ___
d. Nachrichtenkörper: *Verschiedene Turnier-Disziplinen*	Abschnitt 4: ___
e. Nachrichtenkörper: *Pech für McKena*	Abschnitt 5: ___
f. Nachrichtenkörper: *Anreise zum regionalen Wettbewerb*	Abschnitt 6: ___
g. Vorspann	Abschnitt 7: ___
h. Nachrichtenkörper: Rückblick auf *McKenas Turniervorbereitung*	Abschnitt 8: ___

8 Punkte (8 x 1 P.)

Aufgabe 4 (D21, D22): Finde die richtige Erklärung für die folgenden Wörter. Du kannst auch ein (Online-)Wörterbuch benützen.

1. Arena: ________________	**5.** Konkurrent: ________________
2. Manöver: ________________	**6.** Parcours: ________________
3. quirlig: ________________	**7.** Attrappe: ________________
4. Rodeo: ________________	**8.** Miene: ________________

4 Punkte (8 x 0,5 P.)

28 bis 30 Punkte	➤	Sehr gut	20 bis 23 Punkte	➤	Befriedigend
24 bis 27 Punkte	➤	Gut	unter 20 Punkten	➤	Wiederhole den Test!

Kreuze an!	☺	😐	☹
Ich verstehe den Inhalt eines Textes.			

Gesamt-punktezahl

Testdauer:
20 min

TEST 32: Kochrezept

Nudeln mit Fleischragout R

Ideal für Kinder

Zutaten für 4 Personen

1 kleine Zwiebel, 1 kleine Möhre[1], 1 Stange Bleichsellerie
50 g durchwachsener Räucherspeck ohne Schwarte
400 g Tomaten aus der Dose
4 Eßlöffel Olivenöl
20 g Butter
200 g Rinderhackfleisch[2], 100 g Schweinehackfleisch
50 ml trockener Rotwein (für Kinder Brühe)
5 Eßlöffel Fleischbrühe[3], Salz
schwarzer Pfeffer, frisch gemahlen
1 Gewürznelke, 1 Lorbeerblatt
Muskatnuß, frisch gerieben
400 g Spaghetti
80 g Parmesan, frisch gerieben

Pro Portion: 3500 kJ/840 kcal – Zubereitungszeit: 1¾ Stunden

Zwiebel und Möhre schälen. Mit geputztem Sellerie fein hacken. Den Speck fein schneiden. Tomaten in einem Sieb etwas abtropfen lassen, dann zerdrücken. Den Saft dabei auffangen. Das Öl mit der Butter erhitzen. Die Zwiebel darin etwa 5 Minuten anbraten. Dann die Möhre, den Sellerie und den Speck noch etwa 5 Minuten mitbraten. Das Hackfleisch dazugeben und unter Rühren bei starker Hitze etwa 5 Minuten braten. Mit Wein oder Brühe ablöschen, verdampfen lassen. Die Brühe angießen und etwas einkochen. Die Tomaten untermischen. Diesen „sugo" mit Salz, Pfeffer, Nelke, Lorbeerblatt und Muskat würzen. Durchrühren und bei ganz schwacher Hitze noch etwa 1 Stunde schmoren[4] lassen. Bei Bedarf Tomatensaft angießen. Die Nudeln in reichlich Salzwasser „al dente[5]" kochen, abtropfen lassen. In Teller verteilen. Das Ragout und Käse darübergeben.

(Cornelia Adam u. A.: Unser Kochbuch Nr. 1. Das Kochbuch für junge Leute. München: Gräfe und Unzer Verlag GmbH 1996. S. 86)

[1] Möhre = Karotte
[2] Hackfleisch = Faschiertes
[3] Brühe = Suppe
[4] schmoren = mit wenig Flüssigkeit bei kleiner Hitze im zugedeckten Topf kochen
[5] al dente = bissfest; nicht zu weich gekocht

Aufgabe 1 (D14, D16, D19, D24): Lies den Text genau durch, decke ihn dann ab und beantworte die folgenden Fragen!

1. Was wird hier gekocht? ____________________
2. Ist das Gericht ideal für Vegetarier? ____________________
3. Was ist ein „Sugo"? ____________________
4. Auf welche Zutat soll man verzichten, wenn man das Gericht für Kinder kocht?

   ____

5. Wie lange braucht man ungefähr, um dieses Rezept nachzukochen?

   ____

10 Punkte
(5 x 2 P.)

Aufgabe 2 (D19, D24): Richtig oder falsch? Beantworte nun mithilfe des Textes die Fragen!

		richtig	falsch
1.	Wenn man das Gericht für acht Personen kochen möchte, braucht man die doppelte Menge an Zutaten.	☐	☐
2.	Zuallererst muss man die Zwiebel, den Speck und den Sellerie waschen.	☐	☐
3.	Wenn das frische Gemüse zerkleinert ist, wird es im heißen Fett angebraten.	☐	☐
4.	Wenn das Faschierte zu brennen anfängt, muss man es mit Rotwein oder Suppe löschen.	☐	☐
5.	Die Tomaten werden erst nach dem Fleisch dazugegeben.	☐	☐
6.	Das Sugo wird mit einem Lorbeerblatt und etwas Zucker gewürzt.	☐	☐
7.	Das Gericht muss 1 Stunde lang stark kochen.	☐	☐
8.	Wenn zu wenig Flüssigkeit vorhanden ist, soll man mit Tomatensaft aufgießen.	☐	☐
9.	Die Nudeln soll man so lange kochen, bis sie sehr weich sind.	☐	☐
10.	Auf den gekochten Nudeln verteilt man das Sugo und den Parmesan.	☐	☐

20 Punkte
(10 x 2 P.)

28 bis 30 Punkte	➤	Sehr gut	20 bis 23 Punkte	➤	Befriedigend
24 bis 27 Punkte	➤	Gut	unter 20 Punkten	➤	Wiederhole den Test!

Gesamtpunktezahl

Kreuze an!	☺	😐	☹
Ich kann wesentliche Informationen aus einem Text entnehmen.			

Testdauer:
50 min

TEST 33: Ballade

Text 1 Erich Kästner: Der Handstand auf der Loreley (1932) [R]

(Nach einer wahren Begebenheit)

Die Loreley, bekannt als Fee und Felsen,
ist jener Fleck am Rhein, nicht weit von Bingen,
wo früher Schiffer mit verdrehten Hälsen,
von blonden Haaren schwärmend, untergingen.

Wir wandeln uns. Die Schiffer inbegriffen.
Der Rhein ist reguliert und eingedämmt.
Die Zeit vergeht. Man stirbt nicht mehr beim Schiffen,
bloß weil ein blondes Weib sich dauernd kämmt.

Nichtsdestotrotz geschieht auch heutzutage
noch manches, was der Steinzeit ähnlich sieht.
So alt ist keine deutsche Heldensage,
daß sie nicht doch noch Helden nach sich zieht.

Erst neulich machte auf der Loreley
hoch überm Rhein ein Turner einen Handstand!
Von allen Dampfern tönte Angstgeschrei,
als er kopfüber oben auf der Wand stand.

Er stand, als ob er auf dem Barren stünde.
Mit hohlem Kreuz. Und lustbetonten Zügen.
Man fragte nicht: Was hatte er für Gründe?
Er war ein Held. Das dürfte wohl genügen.

Er stand, verkehrt, im Abendsonnenscheine.
Da trübte Wehmut seinen Turnerblick.
Er dachte an die Loreley von Heine.
Und stürzte ab. Und brach sich das Genick.

Er starb als Held. Man muß ihn nicht beweinen.
Sein Handstand war vom Schicksal überstrahlt.
Ein Augenblick mit zwei gehobnen Beinen ist
nicht zu teuer mit dem Tod bezahlt!

P. S. Eins wäre allerdings noch nachzutragen:
Der Turner hinterließ uns Frau und Kind.
Hinwiederum, man soll sie nicht beklagen.
Weil im Bezirk der Helden und der Sagen die
Überlebenden nicht wichtig sind.

(Erich Kästner: Der Handstand auf der Loreley. In: Hartmut Laufhütte (Hg). Deutsche Balladen. Stuttgart: Reclam. 1998. S. 502)

Text 2 Heinrich Heine/Friedrich Silcher: Ich weiß nicht was soll es bedeuten (Loreleylied) (1823) [R]

(Nach einer wahren Begebenheit)

Ich weiß nicht was soll es bedeuten
Dass ich so traurig bin;
Ein Märchen aus alten Zeiten,
Das kommt mir nicht aus dem Sinn.

Die Luft ist kühl und es dunkelt,
Und ruhig fließt der Rhein;
Der Gipfel des Berges funkelt
Im Abendsonnenschein.

Die schönste Jungfrau sitzet
Dort oben wunderbar;
Ihr goldnes Geschmeide blitzet,
Sie kämmt ihr goldenes Haar.

Sie kämmt es mit goldenem Kamme
Und singt ein Lied dabei;
Das hat eine wundersame,
Gewaltige Melodei.

Den Schiffer im kleinen Schiffe
Ergreift es mit wildem Weh;
Er schaut nicht die Felsenriffe,
Er schaut nur hinauf in die Höh'.

Ich glaube, die Wellen verschlingen
Am Ende Schiffer und Kahn;
Und das hat mit ihrem Singen
Die Lore-Ley getan.

Aufgabe 1 (D14, D15): Lies die Ballade von Erich Kästner (Text 1) genau durch und beantworte kurz die folgenden Fragen:

1. Wovon handelt diese Ballade?

____

2. Was ist die „Loreley"?

____

8 Punkte (2 x 4 P.)

Aufgabe 2 (D18): Die Ballade vereinigt die drei Grundformen der Dichtung: Lyrik, Epik und Dramatik. Ordne die genannten Elemente mit Pfeilen den Grundformen richtig zu!

Wiedergabe von Stimmungen und Gefühlen	Epik
Erzählung einer interessanten Begebenheit	Dramatik
Höhepunkt, Spannungsmoment	Lyrik

6 Punkte (3 x 2 P.)

Aufgabe 3 (D23, D24): Vergleiche nun Text 1 und Text 2: Was erfährst du dabei über die Loreley? Beschreibe in Stichworten!

Text 1: ______________________________

____

Text 2: ______________________________

____

8 Punkte (2 x 4 P.)

Aufgabe 4 (D26): Wie wird der Loreley-Mythos in Text 1 behandelt? Kreuze die richtige Antwort an!

- ☐ ironisch – der Autor macht sich über den Loreley-Mythos lustig
- ☐ informativ – der Autor will sachlich erzählen, was auf dem Loreley-Felsen passiert ist
- ☐ werbend – der Autor will mit dem Loreley-Mythos für die Schifffahrt und für die Sportmöglichkeiten am Rhein werben

3 Punkte (1 x 3 P.)

Aufgabe 5 (D27): Beschreibe in eigenen Worten, was im Text 1 über das Heldentum ausgesagt wird!

____

5 Punkte

28 bis 30 Punkte	➤	Sehr gut	20 bis 23 Punkte	➤	Befriedigend
24 bis 27 Punkte	➤	Gut	unter 20 Punkten	➤	Wiederhole den Test!

Gesamt-punktezahl

Kreuze an!	☺	😐	☹
Ich kann Texte vergleichen und interpretieren.			

Testdauer: 50 min

TEST 34: Kurzgeschichte

Höhenflug

Saskia sitzt im Gras. Es sticht auf der nackten Haut. Die Stimmen rund um sie klingen laut und fröhlich. Sie brausen um ihren Kopf. Sie hört Lachen. Gleich wird denen aus ihrer Klasse das Lachen vergehen. Der Mund offen bleiben. Keiner ahnt, was sie wagen will. Und wenn sie der Mut verlässt? Wem muss sie überhaupt etwas beweisen? Saskia kennt diesen Jemand. Sehr gut sogar. Sie ist es selbst: die kleine Stille. Die dünne Unscheinbare. Die, die leicht übersehen wird.

Ab heute würden sie von ihr reden. Über sie staunen. Sie bewundern. Auch Liora und den anderen will sie beweisen, dass mehr in ihr steckt, als sie glauben! Liora hat so viel von dem, was Saskia sich wünscht: viele Freunde. Eine sexy Figur. Manuels Blicke im Schulhof. Saskia hingegen bemerkt er nicht einmal, wenn sie dicht an ihm vorbeigeht.

Ich schaff das! Denen zeig ich's! Am Morgen hat sich Saskia selbst Mut zugesprochen. Da war es noch leicht. Da war die Wut in ihrem Bauch und in ihrer Brust ein Feuerball, der sie antrieb. Jetzt sitzt die Angst in ihr. Sie sticht. Wie das Gras. Nur innen drinnen.

Das kalte Blau des Wassers in dem langen Schwimmbecken schaukelt vor ihren Augen. Und wenn ich doch nicht springe? Was ist das Schlimmste, das mir passieren kann? Dass ich nicht mehr auftauche ... Dass ich mitten im Sprung herumgewirbelt werde ... Dass ich plötzlich Manuel entdecke und vor Schreck runterpurzle wie ein Clown ... Blödsinn! Manuel taucht hier nicht auf. Der liegt am Sonntag um diese Zeit noch im Bett. Bei dem Gedanken an ihn jagt ein Stich durch Saskias Körper.

Sie blickt hinauf zum Sprungturm. So einen Turm gibt es nur in diesem Schwimmbad. Hoch ist er. Sehr hoch. Höher als das Haus, in dem Saskia wohnt. Der Turm hat mehrere Plattformen. Auf drei Meter Höhe. Auf fünf. Auf zehn. Ihr Vater kann das: vom Zehner springen. Er fliegt durch die Luft wie ein Delfin.

„Versuch es wenigstens einmal, Saskia! Du kannst es doch! Denk dran – früher hast du dich sogar gefürchtet, vom Beckenrand zu hüpfen. Und dann wolltest du gar nicht mehr aufhören!" Vaters Worte klingen in Saskias Ohren. Ein Glück, dass er nicht da ist. Auch wenn er ihr Mut machen würde. Total peinlich wäre das vor den anderen.

In ihrem Kopf ist sie das kleine Mädchen von früher, das mit wackeligen Knien zum ersten Mal die nassen Stufen des Sprungturms hinaufklettert. Patsch, patsch, patsch macht es bei jedem Schritt ihrer nackten Füße. Saskia ist sieben und die Angst ein dickes schwarzes Monster, das auf ihren Schultern hockt. Saskia springt *mit* dem Angstmonster und bekommt als Belohnung eine extra große Portion Eis vom Vater. Schokolade. Vanille. Erdbeere. […]

Eines Tages ist Saskia vierzehn. Und der Zehnmeterturm immer noch viel zu hoch. Wieder zeigt ihr der Vater, mit welcher Leichtigkeit er springt. „Du bist doch eine ausgezeichnete Schwimmerin, Saskia. Los. Mach es mir einfach nach!" Sie kennt das Gefühl: sich mit unsicheren Beinen langsam immer weiter vorzuwagen. Bis ans Ende. Und nirgends mehr Halt. Das Wasser wie Glas. Und die Stimme des Vaters, dort unten, weit weg: „Spring, Saskia!" Saskia hat das Gefühl, im Nichts zwischen Himmel und Wasser zu hängen. Da packt sie wieder die Angst. Diesen Sprung wagt sie nicht. Sie kehrt um, klettert die Stufen hinunter. Der Mut hat sie verlassen. „Einmal wirst du es schaffen, Saskia. Und das Gefühl, durch die Luft zu fliegen, nie wieder vergessen!“ Der Vater legt seinen Arm um ihre Schultern. Belohnung gibt es keine.

Und jetzt? Seit ihrem letzten Versuch sind zwei Wochen vergangen. Wird sie es heute wagen?

Saskia schlingt die Arme um ihre Knie. Sie wird es nicht tun. Sie spürt schon jetzt das Zittern in ihren Beinen. In ihren Armen. In ihren Fingern. Der Kopf dröhnt. Die vielen Stimmen wie Insekten. Die Sonne auf ihren Schultern. Ihre Hände kalt. Die Füße Eis. Ich bin doch nicht blöd ... Ihr könnt mich alle gernhaben ... Ich muss das nicht. Ich muss gar nichts ... Ich muss mir nichts beweisen ... Ich bleib hier oben sitzen!

Von ihrem Platz aus kann Saskia die anderen gut beobachten. Hier steigt die Wiese ein wenig an. Gerade genug, um das riesige Schwimmbad zu überblicken. Eine Gruppe Mädchen aus ihrer Klasse unterhält sich auf einer blauen Liegedecke. Jan und Lukas, die eben aus dem Pool kommen, bespritzen sie mit Wasser. Die Mädchen kreischen. „Los, kommt mit ins Wasser!“, ruft Jan. „Traut sich eine von euch vom Fünfer zu springen?“, fragt Lukas. Die Mädchen sehen einander an. „Nein!“ Liora geht mit Lukas zum Turm. Alle wollen zusehen, wie er springt.

Da steht Saskia auf. Plötzlich. Wie in Zeitlupe setzt sie sich in Bewegung. Steuert auf den Sprungturm zu. Jan ruft ihr nach: „He, Saskia, wie wär's mit n'em Flug von da oben?“ Er deutet hinauf zu dem mächtigen Turm. Alle grinsen. Als Saskia den Fuß auf die erste Stufe setzt und den Aufstieg beginnt, bleiben die anderen stehen. Schauen ihr fassungslos nach, wie sie höher und höher klettert.

„Macht die Witze?“ Liora geht bis zum Beckenrand vor, um näher dran zu sein. Saskia ist jetzt nicht zu sehen. Wieder ruft Jan: „He, Saskia! Angsthase! Versteckst du dich dort oben irgendwo? Lukas kommt gleich hoch und springt mit dir. Er hält auch dein Händchen!“ Lachen.

Jetzt taucht Saskia auf. Sie beobachten, wie sie weiter emporsteigt. Vorbei am Dreier. Vorbei am Fünfer. Immer noch höher. Ihr Kopf ist leer. Wie ein Roboter setzt Saskia einen Fuß vor den anderen. Der Wind singt in ihren Ohren. Sie ist allein da oben auf der Plattform. Gleich wird sie bis an den Rand vorgehen. Mit aufrechtem Körper bewegt sie sich zur äußersten Kante der Plattform. Jetzt breitet Saskia die Arme aus. Atmet die Luft tief ein und die Angst aus. Lässt die Arme wieder sinken. Noch ist sie nicht bereit.

Unten stehen sie mit offenem Mund. Auch andere Badegäste zeigen hinauf. Saskia blickt noch einmal auf die Wasserfläche, tief unter ihr. Vergewissert sich, dass keiner zu nah in der Falllinie schwimmt. Sie streckt sich. Atmet noch einmal tief durch. Blickt starr geradeaus. Die Beine zittern. Das Herz rast. Der Wind pfeift um die Ohren. Noch spürt sie Boden unter den Füßen. Krallt die Zehen, als wolle sie sich festklammern. Sie schließt die Augen ... Eine seltsame Ruhe durchströmt Saskia: die Angst besiegen und sich selbst. Schon hebt sie die Arme parallel über den Kopf, legt die Handflächen aneinander. Neigt den Kopf, beugt den Oberkörper ... Lässt los! Stürzt hinab. Durch Bauch, Brust und Kopf rast eine gefährliche Achterbahn. Ein Schrei, den das Wasser schluckt.

Jemand hat mitgeschrien, als Saskia gesprungen ist. Einige der Mädchen halten sich die Hand vor den Mund. Keine kriegt einen Ton hervor. Als Saskias Kopf endlich über der Wasseroberfläche erscheint, ruft ein Mann: „Bravo, Kleine!“

Saskia spuckt Wasser und den Rest Angst aus, krault an den Beckenrand. Hievt sich hoch, klettert aus dem Pool. „Mannomann, das hätt ich dir nie zugetraut!", sagt Lukas. Saskia streckt sich. Lächelt. Sie wächst vor den anderen. Jan klopft ihr auf die nasse Schulter: „Echt cool, du. Sag, wie ist es dort oben?"

„Find's selber raus! Jedenfalls nichts für Angsthasen!" Du Großmaul, möchte Saskia am liebsten hinzufügen. Doch sie lässt es sein. Zu glücklich ist sie über den gelungenen Sprung.

Einer der Jungs wird es bestimmt auch Manuel erzählen. Plötzlich spürt sie wieder die Achterbahn im Bauch. Und diesmal fühlt es sich aufregend an. Aufregend gut.

(Evelyne Stein-Fischer: Höhenflug. In: Elisabeth Wildberger (Hg). Die Fußball-Verschwörung und andere Sport-Geschichten. Buchklub Gorilla Band 31. Wien: Österreichischer Buchklub der Jugend. 2007. S. 110–119)

Aufgabe 1 (D14): Was ist deiner Meinung nach das Hauptthema dieser Kurzgeschichte? Kreuze an!

1. Alles zu tun für seine große Liebe ❑
2. Wie man am besten mit Minderwertigkeitskomplexen umgeht ❑
3. Die Überwindung der eigenen Ängste ❑
4. Der Umgang mit Außenseitern ❑
5. Eine glückliche Vater-Tochter-Beziehung ❑

5 Punkte (1 x 5 P.)

Aufgabe 2 (D18): Kreuze an, welche Merkmale auf diese Kurzgeschichte zutreffen!

	Merkmale (kommt im Text vor)	ja	nein
1.	Die Handlung setzt unmittelbar ein; es gibt keine Einleitung.	☐	☐
2.	Die Hauptperson ist kein Held, sondern eher ein Außenseiter.	☐	☐
3.	Die Geschichte wird aus der Sicht der Hauptperson dargestellt.	☐	☐
4.	Die Handlung umfasst eine sehr lange Zeitspanne.	☐	☐
5.	Der Text handelt von einer Situation, in der sich eine oder mehrere Personen in einem Konflikt befinden.	☐	☐
6.	Es gibt sehr viele Handlungsstränge und Nebenhandlungen.	☐	☐
7.	Es kommen viele innere Monologe vor.	☐	☐
8.	Es kommen keine direkten Reden vor.	☐	☐
9.	Das Geschehen wird nicht in der tatsächlichen Abfolge erzählt, es gibt keine Chronologie.	☐	☐
10.	Am Anfang der Geschichte ereignet sich der Höhepunkt.	☐	☐
11.	Am Schluss gibt es eine überraschende Wendung.	☐	☐
12.	Das Ende ist offen – man hat das Gefühl, dass die Geschichte jederzeit fortgesetzt werden könnte.	☐	☐

12 Punkte (12 x 1 P.)

Aufgabe 3 (D23): Welche Bilder passen nicht zum Text? Streiche sie durch!

6 Punkte

Aufgabe 4 (D27): Beschreibe in wenigen Sätzen, warum Saskia vom Turm springt!

____

____

____

____

7 Punkte

28 bis 30 Punkte	➤	Sehr gut	20 bis 23 Punkte	➤	Befriedigend
24 bis 27 Punkte	➤	Gut	unter 20 Punkten	➤	Wiederhole den Test!

Gesamtpunktezahl

Kreuze an!	☺	😐	☹
Ich kenne die Merkmale der Kurzgeschichte.			

Testdauer:
50 min

TEST 35: Märchen

Text 1: Der Froschkönig

Es war einmal eine Prinzessin, die spielte für ihr Leben gern mit ihrer goldenen Kugel. Eines Tages fiel ihr die Kugel beim Spielen in einen tiefen Brunnen. Die Prinzessin war traurig und weinte. Da steckte ein Frosch seinen Kopf aus dem Wasser: „Was gibst du mir, wenn ich deine Kugel aus dem Brunnen hole?“ „Alles, was du willst“, sagte die Prinzessin. Aber der Frosch hatte nur einen Wunsch: „Ich möchte Tag und Nacht bei dir sein, beim Spielen, beim Essen und beim Schlafen.“ In ihrer Not versprach es die Prinzessin. Da holte der Frosch die goldene Kugel aus dem Brunnen, doch die Prinzessin lief ohne Dank mit ihrer goldenen Kugel zurück zum Schloss.
Als alle beim Abendessen saßen, kam auf einmal etwas plitsch-platsch die Marmortreppe herauf. Es war der Frosch!
Da erzählte die Prinzessin dem König, was sie am Brunnen erlebt hatte. „Was du versprochen hast, das musst du halten!“, sagte der König. So durfte der Frosch vom Teller der Prinzessin essen und aus ihrem Becher trinken. Weinend und voller Abscheu musste die Prinzessin dann den Frosch mit in ihr Zimmer nehmen. Aber sie ließ ihn nicht in ihr Bett. Traurig saß der Frosch auf dem kalten Boden und schaute die Prinzessin mit großen Augen an. „Du komischer Kerl, was willst du denn von mir?“, fragte die Prinzessin. Der Frosch erzählte, dass eine böse Hexe ihn verzaubert habe. Und nur der Kuss einer Prinzessin konnte ihn erlösen. Da nahm die Prinzessin ihren ganzen Mut zusammen. Sie kniff die Augen zu und gab dem Frosch einen Kuss. Als sie die Augen aufmachte, stand vor ihr ein schöner Prinz und sah sie liebevoll an. Schon auf den ersten Blick hatte die Prinzessin ihn so lieb, dass bald darauf Hochzeit gefeiert wurde.

(Marlis Scharff-Kniemeyer und Rosemarie Künzler-Behncke: Der Froschkönig. In: Es war einmal … Die schönsten Märchen mit vielen Klappen. Ravensburg: Ravensburger Buchverlag. 2005)

Text 2: Der Froschkönig. Rückwärts erzählt

Und weil sie nicht gestorben sind, lebten die Königstochter und der Königssohn glücklich mitsammen und feierten bald darauf Hochzeit.
Eines Abends warf nun die Königstochter den Königssohn an die Wand, worauf er sich augenblicklich in einen Frosch verwandelte. Da packte ihn die Königstochter mit zwei Fingern und trug ihn widerwillig hinunter, wo die Tafel für die Königsfamilie und alle Hofleute gedeckt war. Der Frosch setzte sich auf den Tisch und aß gemeinsam mit der Königstochter von ihrem Teller. Dann ließ er sich zu Boden fallen, hüpfte zur Tür und sagte: „Königstochter, jüngste, mach mir auf!“
Gleich darauf kroch er – plitsch platsch plitsch platsch – die Marmortreppe hinunter, verließ den Königspalast und kehrte in seinen Brunnen unter der alten Linde im großen Wald zurück. Als die Königstochter am nächsten Tag zum Brunnen im Wald ging, tauchte der Frosch mit der goldenen Kugel im Maul auf und warf sie ins Gras. Wie war die Königstochter froh, dass sie ihr liebstes Spielzeug wieder hatte und sie versprach dem Frosch alles, was er sich von ihr wünschte. Denn es war die Zeit, da das Wünschen noch geholfen hat.

(Gerda Anger-Schmidt: Der Froschkönig. Rückwärts erzählt. In: Inge Cevela, Heidi Lexe und Sonja Vucsina (Hg). dahingesagt – dahergeschrieben. Buchklub Gorilla Band 32. Wien: Österreichischer Buchklub der Jugend 2007. S. 44)

TEST 35: Märchen

Aufgabe 1 (D18): Lies das Märchen „Der Froschkönig" (Text 1) genau durch und kreuze an, ob die genannten Merkmale zutreffen!

Merkmale	stimmt	stimmt nicht
1. Das Märchen erzählt von einer wahren Begebenheit.	❑	❑
2. Man erfährt genau, in welchem Zeitraum sich die Handlung abspielt.	❑	❑
3. Das Märchen beginnt mit einer für Märchen typischen Einleitungsformel.	❑	❑
4. Die Charaktere sind sehr einfach dargestellt.	❑	❑
5. Das Märchen enthält eine moralische Botschaft.	❑	❑

10 Punkte (5 x 2 P.)

Aufgabe 2 (D14): Fasse nun in zehn Sätzen den Inhalt des Märchens zusammen!

____

____

____

____

____

____

10 Punkte

Aufgabe 3 (D23): Lies nun den Text 2 (Der Froschkönig – rückwärts erzählt) und vergleiche ihn mit dem ersten Text. Beantworte dann kurz die folgende Frage:

Was wurde im Text 2 am Inhalt verändert? Finde mindestens 5 Unterschiede!

____

____

____

5 Punkte (5 x 1 P.)

Aufgabe 4 (D26): Welche Botschaften enthalten die beiden Märchenversionen deiner Meinung nach? Beschreibe jeweils kurz in eigenen Worten!

Der Froschkönig (mind. 2 Botschaften): ______________________

____

Der Froschkönig – rückwärts erzählt (mind. 3 Botschaften): ______________________

____

5 Punkte (5 x 1 P.)

28 bis 30 Punkte	➤	Sehr gut	20 bis 23 Punkte	➤	Befriedigend
24 bis 27 Punkte	➤	Gut	unter 20 Punkten	➤	Wiederhole den Test!

Gesamtpunktezahl

Kreuze an!	☺	😐	☹
Ich kenne die Merkmale des Märchens.			

TEST 36: Werbetext

Testdauer: 20 min

Die größte Halbinsel der nördlichen Adria

VIELSEITIGES ISTRIEN

Egal, ob man Entspannung und Erholung mit Sonne, Strand und Meer sucht, sich nach ländlicher Idylle sehnt oder durch Wein- und Olivenstraßen schlendern möchte – die herzförmige Halbinsel Istrien bietet Raum für individuell gestaltete Urlaubstage. Sowohl in der Haupt- als auch in der Nebensaison.

Die kroatische Adria-Halbinsel Istrien erlebt eine beispiellose Renaissance am internationalen Tourismusmarkt. Neben dem klassischen Badeurlaub gewinnt das romantische Hinterland mit seinen Steindörfern und Weinstraßen zunehmend an Bedeutung.

Top-Reiseziel. Attraktive Wellnessangebote, Spezialitäten wie die weißen Trüffel und einzigartige Kulturdenkmäler wie die römische Arena in Pula, die Adria-Perle Rovinj oder die UNESCO-Weltkulturerbe-Basilika in Poreč machen Istrien auch in den Nebensaisonen zur idealen Reisedestination.

Anreise. Abgesehen von Charterflügen gibt es Direktflüge nach Pula sowie nach Rijeka, das im Nachbarbundesland Kvarner liegt. Ungewöhnlich, aber dafür umso origineller, ist die Anreise mit dem Fährschiff von Venedig. Wieso nicht einfach mit einer der zahlreichen Low-Cost-Airlines nach Venedig fliegen und mit der Fähre in Richtung Istrien ablegen? Ganz nebenbei könnte man für einen Tag die Stadt auf dem Wasser genießen. Die unkomplizierteste Anreisemöglichkeit für die Österreicher bleibt aber das Auto.

Urlaubsdomizile. Wer All-inclusive-Clubs mit Animation und luxuriöse Hotels meidet, findet in den heimeligen Landhäusern Komfort in privater Atmosphäre. Sie punkten mit angenehmen Standards wie 24-Stunden-Aufnahme, separaten Eingängen und Sat-TV. Ideale Ferienadressen für Rustikale sind die Campingplätze entlang der kroatischen Adria. www.istra.hr

(Die größte Halbinsel der nördlichen Adria. Vielseitiges Istrien. In: weekend. Das Wochenendmagazin 5 (19./20. März 2010) Wien/NÖ/Bgld. Wien: Weekend Magazin GmbH. 2010. S. 35)

Aufgabe 1 (D19): Lies den Text gründlich durch und beantworte folgende Fragen:

1. Wo liegt Istrien? ____
2. Welche Form hat Istrien? ____
3. Ist Istrien derzeit ein attraktives Urlaubsziel? ____
4. Kann man in Istrien einen Badeurlaub machen? ____
5. Welche (drei) Kulturdenkmäler bietet Istrien? ____
6. Welche Flughäfen steuert man am besten an, wenn man von Österreich nach Istrien fliegen will? ____
7. Kann man auch mit dem Schiff nach Istrien gelangen? ____
8. Wie gelangt man von Österreich aus am einfachsten nach Istrien? ____
9. Wo könnte man übernachten, wenn man einen All-inclusive-Club meiden will? ____
10. Wo findet man Campingplatzadressen? ____

20 Punkte (10 x 2 P.)

Aufgabe 2 (D17, D25): Mit welcher Absicht wurde dieser Text geschrieben? Kreuze die richtige Antwort an!

- ☐ Unterhaltung
- ☐ Nachricht
- ☐ Werbung
- ☐ Anleitung
- ☐ Vorschrift
- ☐ Meinung

2 Punkte (1 x 2 P.)

Aufgabe 3 (D24): Erkläre aus dem Textzusammenhang die folgenden Wörter oder Phrasen, ohne dabei ein Wörterbuch zu benutzen!

1. eine Renaissance erleben: ____
2. Reisedestination: ____
3. private Atmosphäre: ____
4. Nebensaison: ____

8 Punkte (4 x 2 P.)

28 bis 30 Punkte	➤	Sehr gut	20 bis 23 Punkte	➤	Befriedigend
24 bis 27 Punkte	➤	Gut	unter 20 Punkten	➤	Wiederhole den Test!

Gesamtpunktezahl

Kreuze an!	☺	😐	☹
Ich kann in einem Text wesentliche Informationen finden.			

Testdauer:
20 min

TEST 37: Fahrplan

Variante 1

Hinfahrt							
Bahnhof/Haltestelle		**Datum**		**Zeit**	**Prognose**	**Gleis/Bussteig**	**Verkehrsmittel**
Wien Hütteldorf		24.03.10	ab	06:52		1	ÖBB IC OIC 542
Linz/Donau Hbf			an	08:29		6AC	
Bemerkungen: ÖBB InterCity *Skicircus Saalbach Hinterglemm Leog* Richtung: Innsbruck Hbf Fahrradmitnahme: begrenzt möglich; Fahrradmitnahme reservierungspflichtig; Damenabteil; Businessabteil; mobiles Bordservice (Snacks und Getränke); Rollstuhlstellplatz; Rollstuhlstellplatz-Voranmeldung unter +43 (0) 5 1717 erforderlich; rollstuhltaugliches WC; Kinderkino; Stillabteil; Kuriersendungen möglich							
Dauer: 1:37; fährt täglich							

Variante 2

Bahnhof/Haltestelle		Datum		Zeit	Prognose	Gleis/Bussteig	Verkehrsmittel
Wien Hütteldorf SB		24.03.10	ab	07:01		1	REX REX 1612
St.Pölten Hbf	▲		an	07:48			
Bemerkungen: RegionalExpress *KURIER* Richtung: St. Valentin Fahrradmitnahme: begrenzt möglich; nur 2. Klasse; Rollstuhlstellplatz; Rollstuhlstellplatz-Voranmeldung unter +43 (0) 5 1717 erforderlich; Niederflurfahrzeug; rollstuhltaugliches WC							
St.Pölten Hbf	▼		ab	08:02			railjet RJ 560
Linz/Donau Hbf			an	08:50		5CE	
Bemerkungen: railjet Richtung: Bregenz mobiles Bordservice (Snacks und Getränke); Bordbistro; Rollstuhlstellplatz; Rollstuhlstellplatz-Voranmeldung unter +43 (0) 5 1717 erforderlich; fahrzeuggebundene Einstiegshilfe; rollstuhltaugliches WC; Handy-/Ruhezonen; Kinderkino							
Dauer: 1:49; Verkehrstage							

Variante 3

Bahnhof/Haltestelle		Datum		Zeit	Prognose	Gleis/Bussteig	Verkehrsmittel
Wien Hütteldorf Bf (Hadikgasse)		24.03.10	ab	07:03			Bus L
St.Pölten Hbf (Nord)	▲		an	07:49			
Bemerkungen: Bus Richtung: St. Pölten Hbf Linie: Wieselbus; Betriebsführung: NÖ Verkehrsorganisationsgesellschaft NÖVOG, Tel. +43 2742 360990							
St.Pölten Hbf (Nord)							Fußweg
St.Pölten Hbf							
Bemerkungen: ca. 4 Min. ►Karte Wegstrecke ca. 100 m							
St.Pölten Hbf	▼		ab	08:02			railjet RJ 560
Linz/Donau Hbf			an	08:50		5CE	
Bemerkungen: railjet Richtung: Bregenz mobiles Bordservice (Snacks und Getränke); Bordbistro; Rollstuhlstellplatz; Rollstuhlstellplatz-Voranmeldung unter +43 (0) 5 1717 erforderlich; fahrzeuggebundene Einstiegshilfe; rollstuhltaugliches WC; Handy-/Ruhezonen; Kinderkino							
Dauer: 1:47; Verkehrstage							

(http://www.oebb.at/pv/de/Servicebox/Fahrplanabfrage, entnommen am 10. 3. 2009)

Aufgabe 1 (D20): Du möchtest mit dem Zug vom Bahnhof Wien Hütteldorf nach Linz (Hauptbahnhof) fahren. Beantworte folgende Fragen mithilfe des Fahrplans!

1. Du sollst um 9 Uhr in Linz sein: Wie viele Verbindungsmöglichkeiten werden dir angezeigt?
2. Mit welcher Variante kommst du am frühesten in Linz an?
3. Welche Verbindung ist die schnellste?
4. Welche ist die langsamste?
5. Du willst nicht umsteigen: Mit welchem Zug musst du fahren?
6. Welcher Zug hat ein eigenes Damenabteil?
7. Welchen Zug musst du wählen, wenn du dein Fahrrad mitnehmen möchtest?
8. In welchem Zug kannst du etwas zu essen und zu trinken kaufen?
9. Bei welcher Verbindung musst du auch mit dem Bus fahren?
10. Wo musst du umsteigen, wenn du mit dem Regionalexpress fährst?
11. Wann kannst du spätestens in Wien Hütteldorf wegfahren?
12. Von welchem Gleis fährt der Intercity in Wien Hütteldorf ab?
13. Um welche Uhrzeit fährt der Anschlusszug in St. Pölten ab?
14. Von welchem Gleis fährt der Anschlusszug in St. Pölten?
15. In welche Richtung fährt der Regional-Express, den du bei der Variante 2 nehmen musst?

30 Punkte (15 x 2 P.)

28 bis 30 Punkte	➤	Sehr gut	20 bis 23 Punkte	➤	Befriedigend
24 bis 27 Punkte	➤	Gut	unter 20 Punkten	➤	Wiederhole den Test!

Kreuze an!	☺	😐	☹
Ich kann Informationen aus Tabellen ermitteln.			

Gesamt-punktezahl

TEST 38: Bericht

Testdauer: 30 min

Drei Buben bei Zündelei mit Ethanol verletzt

INNSBRUCK. – Eine Zündelei mit Bioethanol hat am Samstag für drei Buben im Alter von elf und 13 Jahren in Rattenberg (Bezirk Kufstein) im Spital geendet.

Nachdem der Pullover eines der beiden Elfjährigen Feuer gefangen hatte, versuchte der Bub vergeblich, die Flammen zu löschen, indem er sich auf dem Boden wälzte. Schließlich schafften es die beiden anderen, ihm das brennende Kleidungsstück auszuziehen. Alle drei wurden verletzt ins Krankenhaus in Kufstein eingeliefert.

Die drei Burschen hatten sich einen Liter des Treibstoffes bei einer Tankstelle besorgt und waren damit zu einer abgelegenen Stelle beim Schlossberg geradelt. Zuerst versprühten sie die Flüssigkeit auf dem Boden und zündeten sie an. Als der Elfjährige aus der Flasche weiteres Ethanol in die Flammen goss, griff das Feuer auf das Gefäß über. Der 13-Jährige und der Elfjährige sprangen erschrocken zurück. Dabei entzündete der Jüngere mit der brennenden Flasche den Pullover seines gleichaltrigen Freundes.

Einer der Burschen verständigte seine Mutter, die alle drei zum Stützpunkt des Roten Kreuzes in Kramsach brachte. Nach der Erstversorgung durch die Notärztin wurden sie ins Krankenhaus eingeliefert.

(http://www.nachrichten.at/nachrichten/chronik/art58,357003, entnommen am 24. 3. 2010)

TEST 38: Bericht

Aufgabe 1 (D14, D19): Lies den Bericht genau durch und beantworte die folgenden W-Fragen!

1. WAS ist passiert? ____________________
2. WER war daran beteiligt? ____________________
3. WO ereignete sich das Geschehen? ____________________
4. WANN passierte es? ____________________
5. WIE war der Vorgang genau? ____________________
____
____
6. WARUM geschah es? ____________________
7. WELCHE FOLGEN ergeben sich daraus? ____________________
8. WELCHE QUELLE? (Woher stammen die Informationen?) ____________________

16 Punkte (8 x 2 P.)

Aufgabe 2 (D17): Die Merkmale eines Berichts: Vergleiche mit dem vorliegenden Bericht und kreuze das Zutreffende an.

	Merkmale	stimmt	stimmt nicht
1.	Eine Schlagzeile macht neugierig.	☐	☐
2.	Eine Schlagzeile verrät alles über den Inhalt eines Berichts.	☐	☐
3.	In einem Bericht werden nur tatsächlich vorgefallene Ereignisse mitgeteilt.	☐	☐
4.	Ein Bericht enthält hauptsächlich erfundene Informationen.	☐	☐
5.	Die Zeitform des Berichts ist meist das Perfekt (= Vergangenheit).	☐	☐
6.	Die Zeitform des Berichts ist meist das Präteritum (= Mitvergangenheit).	☐	☐
7.	Ein Bericht enthält viele direkte Reden.	☐	☐
8.	Statt der direkten wird die indirekte Rede verwendet.	☐	☐
9.	In einem Bericht erfährt man die Meinung des Autors/der Autorin.	☐	☐
10.	Ein Bericht ist sachlich und objektiv.	☐	☐
11.	Die Sprache eines Berichts ist gefühlsbetont.	☐	☐
12.	Der Bericht wird in klarer, nüchterner Sprache verfasst.	☐	☐
13.	Der Bericht besteht größtenteils aus Hauptsätzen und Hauptsatzreihen.	☐	☐
14.	Der Bericht besteht größtenteils aus Satzgefügen (Hauptsätze und Gliedsätze), weil so die Sätze schöner ausformuliert werden können.	☐	☐

14 Punkte (14 x 1 P.)

28 bis 30 Punkte	➤	Sehr gut	20 bis 23 Punkte	➤	Befriedigend
24 bis 27 Punkte	➤	Gut	unter 20 Punkten	➤	Wiederhole den Test!

Gesamtpunktezahl

Kreuze an!	☺	😐	☹
Ich kenne die Merkmale eines Berichts.			

TEST 39: Informativer Text

Testdauer: 30 min

Neue Influenza A(H1N1) – Allgemeine Hygienetipps

Derzeit treten vermehrt Krankheitsfälle aufgrund des neuen Grippevirus A(H1N1) auf. Krankheitsanzeichen und Übertragungsweg ähneln der saisonalen Influenza.

Krankheitszeichen

- Plötzlich beginnendes Krankheitsgefühl mit Fieber (über 38° Celsius), Atemwegsbeschwerden, Husten, Muskel-, Glieder- und Kopfschmerzen
- Halsschmerzen und Schnupfen
- Durchfall und Erbrechen können auftreten

Schützen Sie sich und andere Personen vor einer Ansteckung durch die Einhaltung einfacher Hygienemaßnahmen:

Händehygiene

- Waschen oder desinfizieren Sie sich regelmäßig die Hände.
- Verwenden Sie Wasser und Seife beim Händewaschen.
- Halten Sie die Hände vom Gesicht fern.

Husten/Niesen

- Husten/Niesen Sie nicht in die Hände, sondern in den Ärmel.
- Wenden Sie sich beim Husten/Niesen von anderen Personen ab.
- Verwenden Sie Papiertaschentücher und entsorgen Sie diese sofort nach Gebrauch.

Regelmäßig lüften

- Lüften Sie mehrmals täglich für jeweils zehn Minuten.

Krankheit zuhause auskurieren

- Bei ersten Krankheitszeichen kontaktieren Sie unverzüglich Ihre Ärztin/Ihren Arzt.
- Bleiben Sie während der Krankheit zu Hause.

(Infoblatt Neue Influenza A(H1N1). Ich hab's. Sie haben's auch – in der Hand sich zu schützen. Allgemeine Hygienetipps. Bundesministerium für Gesundheit. online unter http://www.bmg.gv.at)

Aufgabe 1 (D30, D31, D33, D38, D40): Dein neunjähriger Bruder möchte von dir wissen, was in diesem Infoblatt steht.

Lies den Text sorgfältig durch und erkläre ihm in einfachen und klaren Sätzen, was die neue Influenza ist und wie man sich und andere davor schützen kann.

Beachte:

- Deine Erklärung soll nicht mehr als 15 Sätze betragen.
- Achte besonders darauf, dass ein Kind diese Sätze verstehen kann.
- Schreibe den Text nicht ab, sondern formuliere mit deinen eigenen Worten.
- Gib alle wichtigen Inhalte wieder.
- Du kannst, wenn nötig, ein Fremdwörterbuch oder ein Onlinewörterbuch verwenden.
- Beurteile deinen Text anschließend selbst mithilfe der Lösungen!

30 Punkte

Gesamtpunktezahl

28 bis 30 Punkte	➤	Sehr gut	20 bis 23 Punkte	➤	Befriedigend
24 bis 27 Punkte	➤	Gut	unter 20 Punkten	➤	Wiederhole den Test!

Kreuze an!	☺	😐	☹
Ich kann einen fremden Text in eigenen Worten wiedergeben.			

Testdauer:
50 min

TEST 40: Nacherzählung

Achmed

■ 1

Die denkwürdigste aller Chemiestunden begann mit einer Verbeugung. Ein junger Mann mit einem türkisgrünen Turban, einem dunklen Schnurrbart und einem weißen Doktormantel erschien im Klassenzimmer, stellte sich vor die Tafel, schaute uns lange an, kreuzte die Arme vor der Brust und – verbeugte sich.
Wir waren – brav wie immer – beim Öffnen der Tür aufgesprungen und standen verdutzt da. Schließlich verbeugten sich zwei, drei von uns, dann noch einer.
Der Mann mit dem türkisgrünen Turban verbeugte sich noch einmal.
Jetzt verbeugten wir uns alle, fast gleichzeitig. Kaum hatten wir uns wieder gesetzt – eine seltene Stille herrschte im Klassenzimmer –, da ging die Tür schon wieder auf. Wir sprangen auf, bereit zur nächsten Verbeugung.
Aber es war der Herr Direktor. Abgehetzt, mit hochrotem Kopf und unter vielen Beteuerungen und Entschuldigungen zu dem Mann mit dem Turban deutete er uns mit der Hand, Platz zu nehmen.

■ 2

„Leute“, sagte er und klatschte dabei verlegen in die Hände, „darf ich euch euren neuen Chemielehrer vorstellen! Das ist – frisch aus Kairo – unser lieber Kollege, Herr ... Herr ... Wie war doch gleich der Name?“
Der Mann mit dem Schnurrbart, dem türkisgrünen Turban und dem weißen Doktormantel verbeugte sich freundlich und sagte laut und deutlich so etwas wie „Jusufusurufursachme-dachamahia“.
„Ah, ... also, das ist euer neuer Chemielehrer“, sagte der Herr Direktor und klatschte noch einmal laut in die Hände.
„Dass ich ja keine Beschwerden höre!“, warnte er uns noch und hatte schon wieder den Türgriff in der Hand.
„Also dann, viel Spaß!“, sagte er noch zu Herrn Jusu-, zu unserem neuen Lehrer.
Dieser verbeugte sich höflich. Der Herr Direktor nickte zunächst zwei-, dreimal, dann nickte er noch stärker, schließlich machte er so etwas Ähnliches wie eine Verbeugung und war auch schon wieder verschwunden.

■ 3

So hat es begonnen, damals. Das war unsere erste Chemiestunde mit Achmed.
Achmed nannten wir unseren neuen Lehrer deshalb, weil einige von uns diesen Namen irgendwie aus dem langen Namen herausgehört zu haben glaubten. Wirklich sicher war sich keiner. Und auch unser Klassenvorstand wusste den Namen nicht so genau. Wir blieben jedenfalls bei Achmed. Unser Klassensprecher hatte gleich in der zweiten Stunde laut und fragend und mit einer scheuen Verbeugung „ACHMED??“ gefragt, und Achmed hatte tatsächlich laut und deutlich und für alle vernehmbar schließlich auch „Achmed“ gesagt.
Große Erleichterung auf beiden Seiten, noch ein, zwei Verbeugungen, und unser neuer Chemielehrer hatte wenigstens einen Namen.

■ 4

Natürlich wurde Achmed dann unser liebster Lehrer. Wir verstanden kein Wort arabisch oder ägyptisch, und Achmed verstand fast kein Wort deutsch. Trotzdem waren die Chemiestunden die spannendsten im Schulalltag. Achmed kam herein, verbeugte sich, wir verbeugten uns, er holte das Chemiebuch heraus, deutete auf ein Bild oder eine Zeichnung und sagte stolz: „Aktion: gelbes Gift!“ Aktion, das hieß immer: alles zusammenpacken, rauf in den Chemiesaal, ein Experiment war angesagt. Nie zuvor und nie mehr danach machten wir so viele Experimente wie damals mit Achmed.

„Aktion: kleines Gift!“ – „Aktion: großes Gift!“ – „Aktion: Blausäure!“

Achmed war fürs Experimentieren wie geschaffen.

Er rührte, mixte, schüttelte, lachte, mischte, klopfte, roch, kratzte und schabte – und plötzlich war wieder irgendein Experiment gelungen.

Wir standen um den Tisch herum und sahen gebannt zu, ergingen uns oft in Ratespielen: Schwefel? Kupfer? Wasserstoff? Kohlendioxid?

Egal. Achmed hob das gefüllte Reagenzglas, sagte: „Aktion: grünes Gift!“, und schüttelte ein paar Tropfen der Flüssigkeit auf den bereitliegenden Tafelschwamm.

Ffrrsssssss machte es, und dem Schwamm fehlte ein beachtliches Stück. Achmed strahlte übers ganze Gesicht, ein paar Mädchen klatschten begeistert. Achmed war unser großer Zauberer.

Die „Aktion: blaues Gift!“ kostete unseren Schwamm noch gute acht Zentimeter.

Die „Aktion: Blitzlicht!“ ging überhaupt in unsere Schulgeschichte ein: Der Lehrertisch blieb schwarz versengt zurück, ein Spiegel war zerbrochen, ein paar Reagenzgläser und – vor allem – Achmeds türkisgrüner Turban waren danach mehr schwarz als sonst was. Und zu den grünen, roten, blauen und gelben Flecken auf Achmeds – einst – weißem Arbeitsmantel waren ein paar auffällig große schwarze dazugekommen.

Aber Achmed war mit dem Experiment zufrieden.

„Aktion: Bumm!“, sagte er, und wir alle – noch ganz geblendet vom gewaltigen Blitzlicht – konnten nur beeindruckt zustimmen.

■ 5

Besonders beliebt bei Achmed waren die Prüfungen gegen Ende des Schuljahres.

Der Schüler, der geprüft werden wollte, stellte sich zur Tafel, verbeugte sich vor Achmed, dieser verbeugte sich auch, dann begann der Schüler zu erzählen. Von seiner Großmutter, die im Garten das alte Laub anzündet, um mit der Asche den Boden zu düngen, vom Großvater, der sich seinen Wacholderschnaps immer selber brennt …

„Aktion: Gut Blick!“, sagte Achmed vor jeder Prüfung und hörte allen geduldig zu. Er konnte sich gar nicht erwehren vor lauter Freiwilligen, die ihre Beobachtungen schildern wollten.

Wer sich nicht zur Prüfung meldete, bekam ein „Gut“, die anderen kriegten ein „Sehr gut“.

■ 6

Am letzten Schultag wickelten ein paar von uns den noch übrig gebliebenen Rest unseres Tafelschwamms in Geschenkpapier ein und steckten ihn in eine Zündholzschachtel. Dort hatte er gerade gut Platz. Dann machten sie ein schönes Päckchen daraus, mit einer türkisgrünen Schleife und legten es auf den Lehrertisch.

Achmed kam herein, verbeugte sich, wir verbeugten uns. Dann sah er das Päckchen.

Fünf Minuten stand er nur so da und schaute das Päckchen an, dann – ohne es aufzumachen – hob er es hoch, betrachtete es von allen Seiten, spielte mit der türkisgrünen Schleife.

Dann stellte er sich mitten ins Klassenzimmer, sah uns – einen nach dem anderen – feierlich an und sagte: „Aktion: Urlaub!“

Dann verbeugte er sich, wir verbeugten uns, und weg war er.

■ 7

Nach den Sommerferien freuten wir uns am meisten auf Achmed. Als bei der ersten Chemiestunde die Tür aufging und wir uns gerade verbeugen wollten, kam nicht Achmed, sondern ein neuer Lehrer ins Zimmer. Ein älterer Mann mit Anzug und Krawatte, mit kurzem grauem Haar und strengem Blick.

„Ich bin euer neuer Chemielehrer", sagte er kurz.

„Der Kollege aus Ägypten ist Professor geworden und arbeitet jetzt in einem Institut in Kairo. Er hat mir das für euch gegeben."

■ 8

Er legte ein kleines Päckchen mit einer türkisgrünen Schleife auf den Tisch.

An einer Stelle war das Papier ein wenig eingerissen, wir sahen sofort, was es war – ein neuer Tafelschwamm.

„Und das hier", sagte der neue Lehrer und zog eine Ansichtskarte aus der Tasche, „das hier ist vor einer Woche gekommen."

Er setzte sich umständlich seine Brille auf, drehte die Karte nach allen Seiten und las schließlich laut vor: „Aktion: Gut Freund! Achmed."

(1058 Wörter)

(Heinz Janisch: Achmed. In: Wolfgang Wagerer (Hg). Gemeinsam sind wir unausstehlich. Wien: Herder. 1989. Zitiert nach: Gertie Wagerer (Hg). Kakerlaken und andere Katastrophen. Wien: Österreichischer Buchklub der Jugend. 1997. S. 7–13)

Aufgabe 1 (D14, D15): Lies die Erzählung „Achmed" und finde für jeden markierten Abschnitt einen kurzen Zwischentitel.

Abschnitt 1: ______________________________

Abschnitt 2: ______________________________

Abschnitt 3: ______________________________

Abschnitt 4: ______________________________

Abschnitt 5: ______________________________

Abschnitt 6: ______________________________

Abschnitt 7: ______________________________

Abschnitt 8: ______________________________

8 Punkte
(8 x 1 P.)

Aufgabe 2 (D32, D33): Verfasse nun selbst eine Nacherzählung. Beachte dabei Folgendes:

- Halte dich an die acht Abschnitte aus Aufgabe 1!
- Behalte die Erzählperspektive bei!
- Verändere die Zeitformen nicht!
- Eine Nacherzählung soll ca. ein Viertel der Länge des Originaltextes betragen; dein Text sollte also in etwa 250 bis 300 Wörter umfassen.

22 Punkte

28 bis 30 Punkte	➤	Sehr gut	20 bis 23 Punkte	➤	Befriedigend
24 bis 27 Punkte	➤	Gut	unter 20 Punkten	➤	Wiederhole den Test!

Kreuze an!	☺	😐	☹
Ich kann eine Nacherzählung verfassen.			

Gesamtpunktezahl

Testdauer:
50 min

TEST 41: Bewerbungsschreiben

**Sie suchen einen nicht alltäglichen Nebenverdienst?
Sie arbeiten gerne mit Menschen, speziell Kindern,
und möchten Ihre Freizeit flexibel gestalten?**

Dann sind Sie bei uns genau richtig. Für die Grottenbahn suchen wir Mitarbeiter/innen, die mit Freude und Engagement in unserem Team mitarbeiten und unsere Kindergeburtstage ausrichten.

Ihre schriftliche Bewerbung senden Sie bitte an:

LINZ LINIEN GmbH Grottenbahn
Bettina König-Benzinger
Diener Straße 88 · 4020 Linz
Tel. 0732/4300-4760
E-Mail: b.koenig@linz-ag.at

Aufgabe 1 (D14, D15, D16): In der Zeitschrift „am punkt" (1/2010, S. 19) der Linz Linien findest du die obige Stellenausschreibung. Lies sie genau durch und beantworte die Fragen mit richtig oder falsch!

Welche Informationen findest du in dieser Stellenausschreibung?

	richtig	falsch
1. Du solltest den Umgang mit Computer und Neuen Medien beherrschen.	☐	☐
2. Wenn Interesse besteht, dann melde dich bitte telefonisch.	☐	☐
3. Du bist für den Job geeignet, wenn du gerne mit Kindern arbeitest.	☐	☐
4. Für den Job solltest du dich bewerben, wenn du gerne allein arbeitest.	☐	☐
5. Du solltest in oder in der Nähe von Linz wohnen und rasch an den Arbeitsplatz kommen können.	☐	☐
6. Du solltest dich melden, wenn du einen Fulltimejob suchst.	☐	☐

6 Punkte
(6 x 1 P.)

Aufgabe 2 (D35, D39, D40): Verfasse nun in Briefform eine eigene Bewerbung für diese Stelle.

In dieser Bewerbung sollen folgende Daten eingebaut sein: Du bist 16 Jahre alt, arbeitest gerne mit Kindern, du besuchst derzeit eine höhere Schule und du gehörst einer Kinder- und Jugendorganisation an (zB Kinderfreunde, Pfadfinder, kath. Jungschar etc.). Natürlich solltest du auch eigene Fähigkeiten betonen.

24 Punkte

28 bis 30 Punkte	➤	Sehr gut	20 bis 23 Punkte	➤	Befriedigend
24 bis 27 Punkte	➤	Gut	unter 20 Punkten	➤	Wiederhole den Test!

Gesamtpunktezahl

Kreuze an!	☺	😐	☹
Ich kann eine Stellenbewerbung verfassen.			

Testdauer: 20 min

TEST 42: Interview

Aufgabe 1 (D39, D40): Im folgenden Interview aus dem Jugendmagazin 1424 spricht eine radiologische Technologin über ihren Beruf. Viele typische Wörter und Phrasen, hauptsächlich aus den Bereichen „Arbeitsleben“ und „Ausbildung“ wurden herausgestrichen. Lies das Interview und setze statt der Lücken die passenden Wörter ein!

1424: Was war deine Grundmotivation, diesen Beruf zu ____________________(1)?

Heidi: Ich bin eher zufällig ____________________(2) auf diesen Beruf geworden, als ich mich im Berufsinformationszentrum des AMS ____________________ (3) habe. Bis zu diesem Zeitpunkt war mir die Ausbildung zur RT nicht ____________________ (4). Mir war aber schnell ____________________ (5), dass das mein Traumjob werden könnte.

1424: Was genau kann man sich unter dieser Berufsbezeichnung ____________________ (6)?

Heidi: Ich arbeite in einem NÖ Landeskrankenhaus im Röntgen. Unsere Tätigkeit ____________________ (7) verschiedenste Röntgenaufnahmen, welche vom behandelnden Arzt angefordert werden.
Außerdem wird meine Arbeit durch gezielte Durchleuchtungen während einer Operation ____________________ (8), z. B. um einen Nagel bei einem Beinbruch korrekt einzusetzen. Natürlich ist das nur ein geringer Ausschnitt meines Berufes und meiner tatsächlichen ____________________(9).

1424: Kannst du uns deine Ausbildung ein bisschen genauer ____________________ (10)?

Heidi: Die Ausbildung zur RT ____________________ (11) Theorieunterricht (viel Physik) und verschiedene Praktika. Während der drei Jahre Schule werden mehrere ____________________ (12) wie z. B. Röntgen, Computertomografie (CT), Angiografie, Strahlentherapie usw. abgedeckt. Die Ausbildung wird mit einer theoretischen und praktischen ____________________ (13) und einer schriftlichen Diplomarbeit abgeschlossen.

1424: Würdest du sagen, dass man sich vor dieser ____________________ (14) mit einzelnen Bereichen wie z. B. Physik auseinandersetzen sollte?

Heidi: Ich selber habe keine besonderen ____________________ (15) in Physik gehabt. Besonders im ersten Ausbildungsjahr wäre es aber nicht schlecht gewesen.
Mit dem nötigen Ehrgeiz ist es auf jeden ____________________ (16) zu schaffen.

1424: Gibt es sonst noch ____________________ (17), die man für diese Ausbildung mitbringen sollte?

Heidi: Voraussetzung ist eine ______________________ (18) Matura und man muss 18 Jahre ____________ (19) sein. Wenn man keine Matura hat, gibt es die Möglichkeit, eine ähnliche Ausbildung zur Medizinisch Technischen Fachkraft (MTF) zu machen. Wichtig in diesem Tätigkeitsfeld ist außerdem eine gute räumliche Vorstellungskraft.

1424: ______________ (20) unterscheidet sich dein Beruf von dem einer Krankenschwester?

Heidi: Der Unterschied ______________ (21) klassischen Pflegeberuf ist, dass sich der Patientenkontakt nur auf einzelne Behandlungen beschränkt. Die Schicksale sind für einen selber weniger belastend. Aus diesem Grund ist dieser Beruf auch für Menschen ____________________ (22), die sich den klassischen Pflegeberuf nicht vorstellen können.

1424: Ist in diesem Job Teamarbeit __________________________ (23)?

Heidi: Im Röntgen muss man auf jeden Fall im Team __________________ (24) können, da die unterschiedlichsten Handgriffe aufeinander ___________________________ (25) sein sollten (z. B. mache ich eine Röntgenaufnahme, meine Kollegin entwickelt die Röntgenbilder), um so schnellstens ein Ergebnis, einen Befund zu bekommen.

1424: Wie ______________ (26) deine Arbeitszeiten aus?

Heidi: Ich arbeite im „Radldienst", das heißt, mein Arbeitstag ____________________ (27) 12,5 Stunden, und ich mache Nachtdienste und Wochenenddienste. Der Vorteil an einem solchen „Radl" ist die Freizeit unter der Woche, wo andere _____ (28) Büro sitzen.

1424: __________ ___________________ (29) verdient man als radiologische Technologin?

Heidi: Im „Radldienst" mit allen Zulagen im Krankenhaus (40 Stunden) verdiene ich ____________________ (30) ca. 1.750 Euro netto.

(1424 magazin. Magazin zur 1424 NÖ Jugendkarte 2. St. Pölten: Jugendinfo NÖ. 2007. S. 8f.)

30 Punkte

28 bis 30 Punkte	➤	Sehr gut	20 bis 23 Punkte	➤	Befriedigend
24 bis 27 Punkte	➤	Gut	unter 20 Punkten	➤	Wiederhole den Test!

Gesamtpunktezahl

Kreuze an!	☺	😐	☹
Ich finde die treffenden Ausdrücke.			

TEST 43: Diskussion

Testdauer:
30 min

Mädchen können doch Fußball spielen!

4G, 4C Det.

Fußball – ein Mannschaftssport wie jeder andere! 1894 wurde in London der erste Frauenverein gegründet. Da spielten die Frauen noch in Röcken. Den ersten Klub in Deutschland gab es dann 1930. Allerdings verbot der DFB (Deutscher Fußballbund) 1955 einfach Mädchen und Frauen in den Vereinen. Gekickt haben sie trotzdem. Die lange Pause bis 1970, als der DFB das Fußballverbot wieder aufhob, hat in jedem Fall der Gleichstellung von Fußballerinnen und Fußballern geschadet. Gebessert hat sich die Situation sicher durch die Erfolge der deutschen Frauen-Nationalelf: Weltmeister 2003, 2007 und zum sechsten Mal Europameister. Und immer mehr Mädchen gehen in Fußballvereine. Trotzdem denken die meisten zuerst an Poldi, Schweini und Co., wenn sie Fußball hören. Da ist noch viel Aufklärungs- und Entwicklungsarbeit nötig!

Katharina: „Ständig sagen Jungs: Mädels können nicht kicken! Das ist gemein! Nur weil man ein Mädchen ist, gilt man gleich als unfähig. Dabei spielen viele schon im Verein – ich auch! Also Jungs, schaut erstmal (sic!), wie das Mädchen spielt, bevor ihr es kritisiert!“

Daniel: „Ich gebe dir recht. Bin zwar ein Junge und liebe Fußball, aber die Mädchen können Fußball genauso gut lernen wie die Jungs. Außerdem ist es nur ein Spiel!“

Ayse: „Genau! Früher spielte ich in einem Jungenverein. Eigentlich bin ich Stürmerin, wurde aber immer in der Abwehr eingesetzt – meistens in den letzten fünf Minuten! Und wenn wir verloren, rate mal, wer schuld war? Ich!“

Kevin: „Nein! In meiner Klasse stellen sich die Mädchen beim Fußballspielen ganz schön dumm an. Entweder schießen sie daneben oder in die Hecke. Das nervt!“

Marie Cathrine: „Die meisten Mädchen denken selbst, dass Fußball nur was für Jungs ist. Kein Wunder also, dass Jungs sagen, dass die Mädchen wenig spielen (können). Stimmt aber so gar nicht! Ich spiele, seit ich drei Jahre bin – und das im Verein und als klassenbeste Fußballerin. Also, ihr Mädchen da draußen: Traut euch und spielt mehr Fußball!“

Julia: „Stimmt! Jungs sagen immer, Fußball sei ein Männersport und Mädchen hätten keine Ahnung davon. Ich spiele jetzt schon seit fünf Jahren im Verein und kann locker mit den Jungs mithalten! Das Problem ist, dass zu wenig Fußballmannschaften für Mädchen angeboten werden!“

Sophia: „Ich spiele auch im Verein Fußball und habe schon ähnliche Erfahrungen gemacht. Aber nicht nur Jungen, sondern auch Mädchen und Frauen haben mich schon schief angesehen und unfreundliche Bemerkungen gemacht. Andere wiederum bewundern mich, dass ich Fußball spiele. Hier in Österreich ist es nochmal schwerer als in Deutschland. Wir hatten in unserer Stadt bis vor Kurzem nicht mal ein Team – und das bei 120 000 Einwohnern. Jetzt gibt es eine Mädchen- und eine Frauenmannschaft, wo auch Anfängerinnen trainieren können.“

Kristina: „Sollen Mädchen zuhause bleiben – stricken und häkeln lernen? Man soll selbst entscheiden können, ob man Fußball spielen oder zuhause sitzen will. Den Jungs gefiele es doch auch nicht, wenn Mädchen behaupten würden, dass sie weder singen noch tanzen können!“

Roger: „Bei uns war das auch so. Aber gibt es denn bei euch nicht zwei Sportplätze? Dann spielt ihr Mädels auf dem einen Platz und die Jungs auf dem anderen. Oder du stellst die besten Mädchen zusammen und forderst die Jungen auf.“

Lena: „Ich finde, Mädchen sollten eher Mädchensachen machen: zum Beispiel shoppen, reiten … Fußball und Horrorfilme sollten sie den Jungs überlassen!“

(Mädchen können doch Fußball spielen! In: Treff – das Wissensmagazin für Schüler 1 (Januar 2009). Freiburg: Family Media. 2009. S. 36f.)

Aufgabe 1 (D14, D34): Lies die Diskussionsbeiträge zum Thema „Mädchenfußball" genau durch. Schreibe anschließend aus diesen Beiträgen je fünf positive und je fünf negative Meinungen heraus und trage sie in die Liste ein!

PRO (+)	KONTRA (–)
1.	1.
2.	2.
3.	3.
4.	4.
5.	5.

20 Punkte (10 x 2 P.)

Aufgabe 2 (D33, D34): Schreibe nun deinen eigenen Diskussionsbeitrag zu diesem Thema. Versuche, dich klar und verständlich auszudrücken! Länge: max. 100 Wörter

10 Punkte

28 bis 30 Punkte	➤	Sehr gut	20 bis 23 Punkte	➤	Befriedigend
24 bis 27 Punkte	➤	Gut	unter 20 Punkten	➤	Wiederhole den Test!

Gesamt-punktezahl

Kreuze an!	☺	😐	☹
Ich kann argumentieren (pro und contra).			

Verzeichnis grammatischer Begriffe

Adjektiv – Eigenschaftswort, drittgrößte Wortgruppe im Deutschen: *frisch, saftig, steirisch*
Adverb – Umstandswort, gehört zu den ▶ Partikeln: *immer, überall, gerne*
Adverbialsatz – Gliedsatz in der Funktion einer ▶ Umstandsergänzung, zB: *Wenn es dunkel wird, ist es erst richtig gemütlich.* (▶ Temporalsatz, ▶ Modals., ▶ Finals., ▶ Konditionals., ▶ Konzessivsatz)
Akkusativ – Wenfall = 4. Fall, Fallfrage: Wen? Was? *Wir kaufen einen Sonnenschirm (< ein Sonnenschirm).* ▶ Kasus
Akkusativobjekt – Satzglied im 4. Fall, das von bestimmten Verben als Ergänzung verlangt wird: *Sie sucht ihren Hund.* (*Was* sucht sie?). *Paul mag seine Nichte Marie.* (*Wen* mag Paul?)
Aktiv – Normalform des Verbs, handelnde Person steht im Mittelpunkt: *Peter mäht den Rasen.* ▶ Passiv; auch aktiv: *Viel Regen fällt, das Gras wächst. Die Aktienkurse steigen. Das Spiel ist spannend.*
Apposition – eine Form des ▶ Attributs, steht nach dem Satzgliedkern: *Die Nachbarin, eine alte weise Frau*, schaut über den Gartenzaun.
Artikel – wichtigster Begleiter des ▶ Nomens: *der, die, das* (= bestimmt); *ein, eine, ein* (= unbestimmt)
Attribut – Beifügung, Teil eines ▶ Satzgliedes, der zusätzliche Informationen bringt: *das neue Auto; das Handy mit Edelsteinbesatz; Joes Garage; der Song, den du eben hörst*
Aussageweise des Verbs – Modus: ▶ Indikativ, ▶ Imperativ, ▶ Konjunktiv
Dativ – Wemfall = 3. Fall; Fallfrage: Wem? *Sie hilft dem Nachbarn (< der Nachbar).* ▶ Kasus
Dativobjekt – Satzglied im 3. Fall, das von bestimmten Verben als Ergänzung verlangt wird: *Die Schaffnerin hilft dem Jungen.* (*Wem* hilft die Schaffnerin?)
Deklination – Bildung der Fälle eines ▶ Nomens und seiner Begleiter: *der Baum, des Baumes, dem …*
Demonstrativpronomen – hinweisendes Fürwort: *dieser, jener, derselbe …*
Einzahl ▶ Singular
feminines Geschlecht – weibliches Geschlecht, ▶ Nomen mit dem Artikel *die* im 1. Fall/Singular: *die Stille, die Rose, die Schweiz*
Finalsatz – Zwecksatz, ein Gliedsatz, der den Zweck eines Geschehens angibt (▶ Kausalergänzung)
Futur I – Zukunft, bestimmte Zeitform: *Sie wird singen. Er wird nach Hause laufen.*
Futur II – Vorzukunft, meist für Vermutungen: *Du wirst doch das nicht vergessen haben?*
Genitiv – Wesfall = 2. Fall, Fallfrage: Wessen? *Sie kennt den Titel des Songs (< der Song).* ▶ Kasus
Genus – grammatisches Geschlecht des Nomens; ▶ feminines Geschlecht, ▶ maskulines Geschlecht, ▶ neutrales Geschlecht
Gliedsatz – Nebensatz in der Funktion eines Satzglieds: *Wo du bist, bin auch ich.* (▶ Adverbialsatz, ▶ Objektsatz, ▶Subjektsatz)
Hauptsatz – Satz, der für sich alleine stehen kann
Hauptsatzreihe – Aneinanderreihung von zwei oder mehreren Hauptsätzen, mit oder ohne Bindewort: *Er geht laufen und sie hackt Holz. Morgen wird es kalt, Schnee ist angesagt.*
Hilfsverb – mit ihnen werden mehrteilige Verbformen gebildet: *haben, sein, werden*
Imperativ – Befehlsform des Verbs: *Lies wieder mal ein Buch! Helfen Sie mir bitte!*
Indefinitpronomen – unbestimmtes Fürwort: *jeder, keiner, etwas, (irgend)jemand*
Indikativ – Wirklichkeitsform des Verbs
indirekte Rede – indirekte Wiedergabe von Gedanken oder Reden, oft mit Konjunktiv I
Infinitiv – Nennform, Grundform des Verbs: *weinen, laufen*
Interjektion – Ausrufewort, gehört zu den ▶ Partikeln: *Weh! Oh! Hurra! …*
Interrogativpronomen – Fragefürwort: *welcher? welcher? … was? wer?*
Kasus – Fall; deklinierbare Wörter (▶ Nomen, ▶ Artikel, ▶ Adjektive, ▶ Pronomen) können in vier Fälle (Einzahl/Mehrzahl) gesetzt werden. ▶ Nominativ, ▶ Genitiv, ▶ Dativ, ▶ Akkusativ
Kausalsatz – Begründungssatz; ein Gliedsatz, der den Grund eines Geschehens angibt (▶ Kausalergänzung)

Verzeichnis grammatischer Begriffe

Kausalergänzung – Begründungsergänzung; Satzglied, das den Grund (Gegengrund), den Zweck oder die Bedingung eines Geschehens angibt: <u>Wegen seines Gipsfußes</u> *muss Felix daheimbleiben.* Oder als Kausalsatz: *Weil er einen Gipsfuß hat, muss …*; Ebenso: *Damit du …*; *Obwohl du …*; *Wenn du …*

Komparativ – Mehrstufe oder Vergleichsstufe des Adjektivs: *schneller, höher, weiter* ▶ Positiv, ▶ Superlativ

Konjugation – Bildung der Verbformen: *spiele – spielst – spielt … spielen – spielte – gespielt*

Konjunktion – Bindewort; gehört zu den ▶ Partikeln: *und, oder, aber, weil, sowohl … als auch*

Konjunktiv – Möglichkeitsform des Verbs; Konjunktiv I / Konjunktiv II: *er schreibe / er schriebe*

Konditionalsatz – Bedingungssatz; ein Gliedsatz, der die Bedingung für ein Geschehen angibt (▶ Kausalergänzung)

Konsonant – Mitlaut: *b, c, d, f, g, …*

Konzessivsatz – Einräumungssatz; ein Gliedsatz, der den Gegengrund für ein Geschehen angibt (▶ Kausalergänzung)

Lokalergänzung – Ortsergänzung; Satzglied, das die örtlichen Umstände des Geschehens angibt: *Bertrand wollte* <u>*in den Keller*</u>. <u>*Von den blauen Bergen*</u> *kommen wir. Bis du jetzt* <u>*zuhause*</u>*?*

Lokalsatz – Ortsatz; ein Gliedsatz, der die örtlichen Umstände eines Geschehens angibt (▶ Lokalergänzung)

maskulines Geschlecht – männliches Geschlecht, Nomen mit dem Artikel *der* im 1. Fall/Singular: *der Hund, der Niedergang, der Berliner*

Mitvergangenheit ▶ Präteritum (eine ▶ Zeitform)

Modalergänzung – Artergänzung; Satzglied, das die Art und Weise eines Geschehens angibt: *Bertrand aktivierte die Maschine* <u>*mit dem roten Knopf*</u>. Oder als Modalsatz: <u>*Indem er auf den roten Knopf drückte*</u>*, aktivierte Bertrand die Maschine.*

Modalsatz – Artsatz; ein Gliedsatz, der die Art/Weise eines Geschehens angibt (▶ Modalergänzung)

Modus ▶ Aussageweise des Verbs

Nebensatz – der untergeordnete Teilsatz in einem Satzgefüge; hat das Prädikat an letzter Stelle: <u>*Weil du krank bist*</u>*, kannst du nicht kommen.* (▶ Gliedsatz, ▶ Relativsatz)

neutrales Geschlecht – *sächliches Geschlecht,* Nomen mit dem Artikel *das* im 1. Fall/Singular: *das Haus*

Nomen – Hauptwort, größte Wortgruppe im Deutschen: *der Hund, die Freude, das Haus*

Nominalisierung – hauptwörtliche Verwendung, besonders von Verben, Adjektiven, Pronomen: beim Backen, im Schreiben; alles Gute, nichts Neues, Verschiedenes; das Seine

Nominativ – Werfall = 1. Fall, Fall des ▶ Subjekts; Fallfrage: Wer? Was? <u>*Wir*</u> *kaufen ein neues Haus.* ▶ Kasus

Numerus – Zahl eines Nomens; wir unterscheiden ▶ Singular und ▶ Plural: *das Haus/die Häuser*

Objekt – Satzglied, das vom Verb im Satz (▶ Prädikat) als Ergänzung verlangt wird: *Julia mäht* <u>*den Rasen*</u>. (= ▶ Akkusativobjekt). ▶ Genitivobjekt, ▶ Dativobjekt

Objektsatz – ein Gliedsatz, der das Objekt eines Geschehens angibt (▶ Objekt): *Ich weiß nicht, was du meinst. (Was* weiß ich nicht? ▶ Akkusativobjekt)

Partikel – Wort, das nicht abgewandelt werden kann: ▶ Adverb, ▶ Interjektion, ▶ Präposition, ▶ Konjunktion

Partizip I/II – Mittelwort der Gegenwart / der Vergangenheit: *spielend – gespielt / laufend – gelaufen*

Passiv – täterabgewandte Form des Verbs, das Geschehen steht im Mittelpunkt; häufig bei Protokollen und Beschreibungen: *Der Rasen wird (von Julia) gemäht.* ▶ Aktiv

Perfekt – Vergangenheit, Zeitform der Vergangenheitsstufe: *Sie* <u>*hat geweint*</u>. *Er* <u>*ist*</u> *nach Hause* <u>*gelaufen*</u>.

Impressum

Redaktion: Franziska Voigt, Hamburg

Bildrecherche: Gabi Sprickerhof
Illustration: Mone Schliephack, Niedernhausen-Oberjosbach
Umschlaggestaltung: Klein & Halm Grafikdesign, Berlin, unter Verwendung des Covers von Kirsten Boie: Nicht Chicago. Nicht hier., München: Deutscher Taschenbuch Verlag 2008, Umschlaggestaltung: Jorge Schmidt und Tabea Dietrich unter Verwendung eines Fotos von Jan Roeder
Layoutkonzept: Katharina Wolff-Steininger
Layout und technische Umsetzung: Ines Schiffel, Berlin

www.cornelsen.de

1. Auflage, 1. Druck 2010

Druck: H. Heenemann, Berlin

ISBN: 978-3-06-061321-2

Inhalt gedruckt auf säurefreiem Papier aus nachhaltiger Forstwirtschaft.

Inhalt

Vorwort

Über den Roman

Kirsten Boies Jugendroman „Nicht Chicago. Nicht hier."* erzählt eindringlich verdichtet einen Ausschnitt von nur wenigen Wochen aus den Alltags- und Schulerfahrungen des dreizehnjährigen Niklas. Niklas wird von einem Schüler, der neu in seine Klasse kommt, tyrannisiert, und es gelingt ihm auch mit Hilfe nicht, sich dagegen angemessen und erfolgreich zur Wehr zu setzen.

Der Roman stellt hohe Anforderungen an jugendliche Leserinnen und Leser: Die Geschichte setzt unvermittelt ein, entwickelt ihren Handlungsfaden nicht linear und bietet am Ende der Lektüre keine Lösung und kein Happy End an. Vielmehr endet die Geschichte genau da, wo sie begonnen hat: bei dem hilflosen Wunsch des Opfers, den, der ihn terrorisiert, umbringen zu wollen.

Trotz seines überschaubaren Umfangs vermag der Roman die Mechanismen von Gewalt gegen Schüler und unter Schülern in ihrer vielschichtigen Komplexität freizulegen. Dabei bleiben die Motive des Schülers, der sich Niklas als Opfer ausgesucht hat, nahezu vollkommen im Dunkeln. Mögliche Leserannahmen, hier suche ein Opfer eigener deprimierender Verhältnisse ein Ventil, werden vom Erzähltext nicht bestätigt. Gezeigt wird allein eine Spirale von Gewalt, in die Niklas und seine Familie geraten.

Gerade wegen der fehlenden Entlastung durch ein Happy End lassen sich jedoch an den Roman im Unterricht vielfältige kommunikative Anschlüsse herstellen. Der Geschichte gelingt es, Jugendliche für die reale Gewalt auch außerhalb der Fiktion zu sensibilisieren. Mit den Themen Gewalt und Mobbing unter Jugendlichen sowie mit seiner Erzählweise, die zwei Zeitebenen abwechselnd erzählt und damit Spannung erzeugt, eignet sich der 2000 mit dem Deutschen Jugendliteraturpreis ausgezeichnete Roman besonders als Lektüre in den Jahrgangsstufen 7 und 8.

Zur Reihe

Das vorliegende Heft ist Teil einer Reihe mit kopierfähigen Arbeitsblättern zu klassischen und aktuellen Jugendbüchern, die sich als Lektüre für die Jahrgangsstufen der Sekundarstufe I eignen.

Das Reihenkonzept geht davon aus, dass die Schülerinnen und Schüler den Roman im Unterricht oder zu Hause ganz lesen. Die Kopiervorlagen sollen die Erarbeitung im Unterricht begleiten. Die Zusammenstellung der Arbeitsblätter berücksichtigt dabei unterschiedliche Phasen der Erarbeitung im Unterricht. Die Hefte der Reihe sind somit gleich aufgebaut: Sie enthalten Arbeitsblätter zum Einstieg in die Lektüre, zu wichtigen Aspekten der Textanalyse (wie Inhaltssicherung, Figuren, Handlung, thematische Aspekte, Erzählweise, Stil, Sprache) und zur Textrezeption. Zur Erleichterung der Unterrichtsvorbereitung für die Lehrerinnen und Lehrer werden Klassenarbeitsvorschläge angeboten, die Arbeitsblätter didaktisch kommentiert und Lösungsvorschläge gemacht.

Die Arbeitsblätter haben Doppelüberschriften, deren zweiter Teil sich an zentralen Kompetenzen orientiert und den Lehrkräften Auskunft über die konkreten Operatoren gibt, die durchgeführt werden sollen. Die Aufgabenstellungen berücksichtigen sowohl textanalytische als auch handlungsorientierte und produktiv-gestaltende Verfahren. Mit Piktogrammen gekennzeichnete Aufgaben ermöglichen auch kooperatives Arbeiten. Zusatzaufgaben, die sich zur Binnendifferenzierung eignen, sind optisch hervorgehoben: ◆4.

Die Hefte der Reihe „Ideen zur Jugendliteratur – Kopiervorlagen" sind terminologisch und methodisch auf das „Deutschbuch" abgestimmt.

* Die Seiten- und Zeilenangaben in diesem Heft beziehen sich auf folgende Ausgabe des Romans: Kirsten Boie: Nicht Chicago. Nicht hier. 12. Aufl. München: Deutscher Taschenbuch Verlag GmbH & Co. KG 2008.

Der Griff zum Buch – Buchcover beschreiben und vergleichen

© 1999 Verlag Friedrich Oetinger, Hamburg.
Einbandillustration: Jutta Bauer

Bildinhalt

Bildaufbau

Maltechnik, Malstil

1 *Beschreibe das Cover, indem du Stichworte zu den Überschriften in den Kästen notierst.*

2 *Halte deinen Gesamteindruck der Buchgestaltung fest.*

3 *Vergleiche zusammen mit deiner Lernpartnerin oder deinem Lernpartner das Cover auf diesem Arbeitsblatt mit dem Buchumschlag der euch vorliegenden Taschenbuchausgabe.*
a) Diskutiert die unterschiedliche Wirkung der jeweiligen Buchgestaltungen.
b) Welches Cover passt eurer Ansicht nach besser zum Romaninhalt? Begründet eure Meinung und haltet sie schriftlich fest.

Informiert und interessiert? – Den Klappentext untersuchen

Der unten stehende Text findet sich auf der Umschlagrückseite der Taschenbuchausgabe von „Nicht Chicago. Nicht hier.“.

Niklas hat ein mulmiges Gefühl: Ausgerechnet mit Karl soll er für die Schule zusammenarbeiten. Der ist neu in der Klasse, gibt sich ziemlich cool und nicht gerade freundlich. Als Karl zu Niklas nach Hause kommt, fehlt hinterher eine CD. Kann es wirklich sein, dass Karl sie geklaut hat? Schnell muss Niklas begreifen, dass Karl zu noch viel schlimmeren Dingen fähig ist: Bald sieht er sich selbst bedroht ...

Klappentext zu: Kirsten Boie: Nicht Chicago. Nicht hier. München: Deutscher Taschenbuch Verlag 2002

1 *Liste stichwortartig in deinen eigenen Worten auf, welche Informationen zu den Figuren und zur Handlung des Romans der Text gibt.*

____
____
____
____
____
____

2 *Ein Klappentext dient dazu, Leserinnen und Leser neugierig auf den Roman zu machen.*
a) Unterstreiche im Text Stellen, an denen sprachliche Mittel eingesetzt werden, um das Leserinteresse zu wecken. Hilfe findest du im Wortspeicher.

WORTSPEICHER

Tempus — Fragen — ungewöhnliche Satzstellung — unvollendete Sätze

b) Notiere deine Ergebnisse in der Tabelle.

sprachliches Mittel	Textbeleg
ungewöhnliche Satzstellung	Schnell muss Niklas begreifen [...]. (Z. 7 f.)

c) Erläutere deiner Lernpartnerin oder deinem Lernpartner begründet, ob der Klappentext deiner Meinung nach zum Lesen des Romans einlädt.

3 *Nimm in deinem Heft kurz schriftlich Stellung zu der folgenden Äußerung über den Roman „Nicht Chicago. Nicht hier.“ aus der Fachzeitschrift für Jugendliteratur „Eselsohr“:*
„Beklemmend, packend, überzeugend. Zum Thema Gewalt ein Meilenstein!“

„Nicht Chicago." – Den Titel deuten und Fragen formulieren

Wiener Stadt- und Landesbibliothek, Plakatsammlung

Verhältnisse wie in Chicago in den südlichen Stadtteilen von Düsseldorf
Im Düsseldorfer Süden [...] werden die Jugendlichen immer brutaler, wenn auch laut Aussage der Polizei die Anzahl der Straftaten etwas rückläufig ist.

http://www.paradisi.de/Freizeit_und_Erholung/Gesellschaft/Jugendkriminalitaet/News/9201.php. © O&C Projects GmbH

„Entweder mitmachen oder untergehen"
SPIEGEL-Reporter Erich Wiedemann über Chicago an der Moskwa
In Moskau herrschen Verhältnisse wie in Chicago während der Prohibition[1]. Das ist kein überspannter Vergleich. Nicht nur dass viele der Herren vom schießenden Gewerbe weiße Schuhe tragen und sich die Haare mit Pomade an den Schädel kleben. Die frivole[2] Gelassenheit, mit der hier drauflosmassakriert wird, war seit Al Capone ohne Beispiel. In Russland wurden letztes Jahr 32 000 Menschen umgebracht. Das sind gut doppelt so viele Morde pro 100 000 Einwohner wie in den USA, dem traditionell mörderischsten Industriestaat der Erde.
Die „Diebe im Gesetz" (wory w sakonje) kontrollieren schätzungsweise 40 Prozent des Sozialprodukts. Das FBI schätzt die russische Mafia – gemessen an ihrem Einfluss auf Staat, Wirtschaft und Gesellschaft – zehnmal so stark ein wie die amerikanische.

DER SPIEGEL Nr. 11/1995 vom 13.3.1995, S. 177

[1] **Prohibition:** Verbot der Herstellung und des Verkaufs von Alkohol in den USA 1919–1933
[2] **frivol:** leichtfertig, schlüpfrig

1 *a) Lies die Texte, in denen Verhältnisse in den Städten Moskau und Düsseldorf mit Chicago verglichen werden. Markiere Stellen, die auf die Verhältnisse in Chicago verweisen.*
b) Betrachte das Plakat, das für die Stadt Wien wirbt. Erkläre in einem Satz, warum und in welcher Weise hier auf Chicago Bezug genommen wird.

____

____

____

2 *a) Schreibe in dein Heft, wie du den Romantitel „Nicht Chicago. Nicht hier." mit Blick auf den Inhalt des Romans verstehst.*
b) Vergleicht in Partnerteams Gemeinsamkeiten und Unterschiede eurer Erklärungen.

3 *Notiere auf drei Karteikarten je eine Frage zum Inhalt des Romans, die dich interessiert, oder zu Aspekten, die du nicht ganz verstanden hast.*

4 *a) Stellt euch eure Karten gegenseitig in einer Gruppe vor und sortiert sie nach verschiedenen Kategorien (z. B. Figurenkonstellation, Niklas, Karl, Schule, Gewalt, Handlung).*
b) Einigt euch in der Gruppe auf drei Fragen, die euch alle interessieren.

5 *Sammelt die drei Fragen jeder Gruppe auf einem großen Plakat und entscheidet in der Klasse, welche Fragen ihr im Laufe der Unterrichtsreihe zu dem Roman klären möchtet.*

Was geschieht wann? – Sich im Roman zurechtfinden

Der Roman „Nicht Chicago. Nicht hier." ist nicht sehr umfangreich. Jedoch ist die Handlung auf eine Vielzahl von Kapiteln verteilt und wird zudem abwechselnd auf zwei verschiedenen Ebenen erzählt. Die beiden Zeit- und Handlungsstränge sind im Druckbild durch zwei unterschiedliche Schrifttypen gekennzeichnet. Um sich im Ablauf der Handlung zurechtzufinden und inhaltliche Fragen später leichter beantworten zu können, ist es daher sinnvoll, einen Inhaltsüberblick anzulegen.

1 *Nummeriere die Kapitel des Romans, d. h. alle Abschnitte, die auf einer neuen Seite beginnen, durch. Verwende dabei für die beiden Erzählebenen verschiedene Farben.*

2 *Erarbeitet in Gruppenarbeit eine Übersicht, die den wesentlichen Handlungsablauf der beiden Erzählebenen deutlich macht und das benennt, was euch in den Kapiteln bemerkenswert erscheint.*
Geht dabei so vor:

a) Bildet Vierergruppen und teilt die Kapitel des Romans unter euch auf. Folgende Aufteilung bietet sich an:
- ☐ *Gruppenmitglied 1 übernimmt die Kapitel 2, 4, 6, 8, 10 und 12.*
- ☐ *Gruppenmitglied 2 übernimmt die Kapitel 14, 16, 18, 20, 22 und 24.*
- ☐ *Gruppenmitglied 3 übernimmt die Kapitel 1, 3, 5, 7, 9, 11 und 13.*
- ☐ *Gruppenmitglied 4 übernimmt die Kapitel 15, 17, 19, 21, 23, 25, 26 und 27.*

b) Jedes Gruppenmitglied bereitet zunächst für sich seine Kapitel vor und macht sich Notizen. Orientiert euch bei der Zusammenfassung des Inhalts an folgenden Fragen:
- ☐ Wie entwickelt sich die Beziehung zwischen Karl und Niklas?
- ☐ Welche Formen der Gewalt wendet Karl an?
- ☐ Welche Auswirkungen hat dies auf Niklas und seine Gefühle?
- ☐ Wie reagieren die anderen?
- ☐ Was unternehmen die Erwachsenen?

c) Erstellt mit einem Textverarbeitungsprogramm für jedes Gruppenmitglied eine Tabelle nach der abgebildeten Vorlage.

Kapitel	**Seiten**	**Handlung**	**Auffälliges, Besonderheiten**
1	5	Niklas schwört Rache.	innerer Monolog
2	6–12	Niklas' Familie sitzt beim Abendbrot, als sich zwei Jungen im Garten zu schaffen machen. Thomas glaubt einem der Jungen, Niklas' Mitschüler Jannis, dass der sich nur in der Tür geirrt habe. Aber später stellen sie fest, dass Niklas' Kaninchen weg ist.	Svenja ist misstrauischer als die Eltern.
3	13–23	Niklas trifft den Neuen im Bus ...	...
4	24–28	...	...

d) Anschließend bilden sich neue Gruppen: Jeweils die Gruppenmitglieder mit den gleichen Kapiteln finden sich zu Expertengruppen zusammen und erstellen für ihre Kapitel gemeinsam eine Inhaltsübersicht, die jedes Gruppenmitglied in seiner Tabelle festhält.

e) Das Ergebnis aus den Expertengruppen wird nun wieder zurück in die Stammgruppen gebracht, wo die gesamte Handlungsübersicht zusammengefügt wird. Fertigt Kopien an, sodass jedes Gruppenmitglied einen vollständigen Inhaltsüberblick erhält, und markiert darin die beiden Zeitebenen verschiedenfarbig.

Detailwissen gefragt – Ein Kreuzworträtsel lösen

1 *Löse das Kreuzworträtsel, indem du die unten umschriebenen Begriffe herausfindest und in die jeweiligen Stellen einträgst.*

(ö = oe)

Waagerecht:

2 Diese Lösung kommt für Niklas' Eltern nicht in Frage.
5 Speichermedium für Daten
6 Niklas' freudloses Erfolgserlebnis
7 Die Familiengespräche erfolgen meist beim ...
9 Ist sie eine Hilfe?
12 die Falle am ...
14 Unterrichtsfach

Senkrecht:

1 Name von Niklas' Kaninchen
3 Medium des Dauerterrors
4 Karl hält sich für ...
5 Stadt mit schlechtem Ruf
7 Ob sie etwas bringt?
8 Sturzgefährt
10 Name der Lehrerin
11 Karls Mitläufer
13 wurde angeblich zertreten

Was weißt du über ...? – Figuren beschreiben

1 *Bildet acht Gruppen und verteilt die folgenden Figuren aus dem Roman so auf die Gruppen, dass alle Figuren bearbeitet werden:*

Niklas **Thomas** **Karin** **Svenja** **Karl** **Rocky** **Frau Römer** **der Polizist**

2 *Haltet in der Gruppe eure Kenntnisse über „eure“ Figur auf dem vorliegenden Arbeitsblatt fest, indem ihr so vorgeht:*

a) Notiert jeder für euch in der ersten Zeile der Tabelle, was euch nach der Lektüre des Romans zu der Figur einfällt, z. B. zu Aussehen, Verhalten, Eigenschaften, besonderen Kennzeichen …
Tauscht euch während dieser Phase nicht mit den anderen Gruppenmitgliedern aus, sondern arbeitet still. Diese Phase dauert vier bis fünf Minuten.

b) Reicht die Arbeitsblätter jeweils an euren linken Nachbarn weiter. Ergänzt nun in der zweiten Zeile die Notizen eurer Mitschülerinnen bzw. Mitschüler.

c) Reicht die Blätter so lange weiter, bis ihr euer eigenes Arbeitsblatt wieder vor euch liegen habt.
Lest die Ergänzungen der Gruppenmitglieder und überlegt, welche euch einsichtig sind und welche nicht.

3 *Stellt euch eure Ergebnisse zu den Figuren gegenseitig in der Klasse vor.*

Phase	Was wissen wir über ____________________?
1	
2	
3	
4	

Niklas und die anderen – Beziehungen untersuchen

1 *Erstelle ein Schaubild zu Niklas' Beziehungen zu den anderen Figuren aus dem Roman, die unten aufgeführt sind:*

a) Kennzeichne die Beziehungen, die Niklas zu den anderen Figuren hat, mit Pfeilen in unterschiedlichen Farben. Ein roter Pfeil drückt Zuneigung aus; ein gelber Pfeil steht für Ablehnung oder Feindschaft.

b) Schreibe auf die Pfeile zusätzliche Angaben wie Freundschaft, Verwandtschaft. Versuche die Beziehungspfeile knapp, aber aussagekräftig zu kommentieren.

c) Trage einen Doppelpfeil ein, wenn die Beziehung auf Gegenseitigkeit beruht.

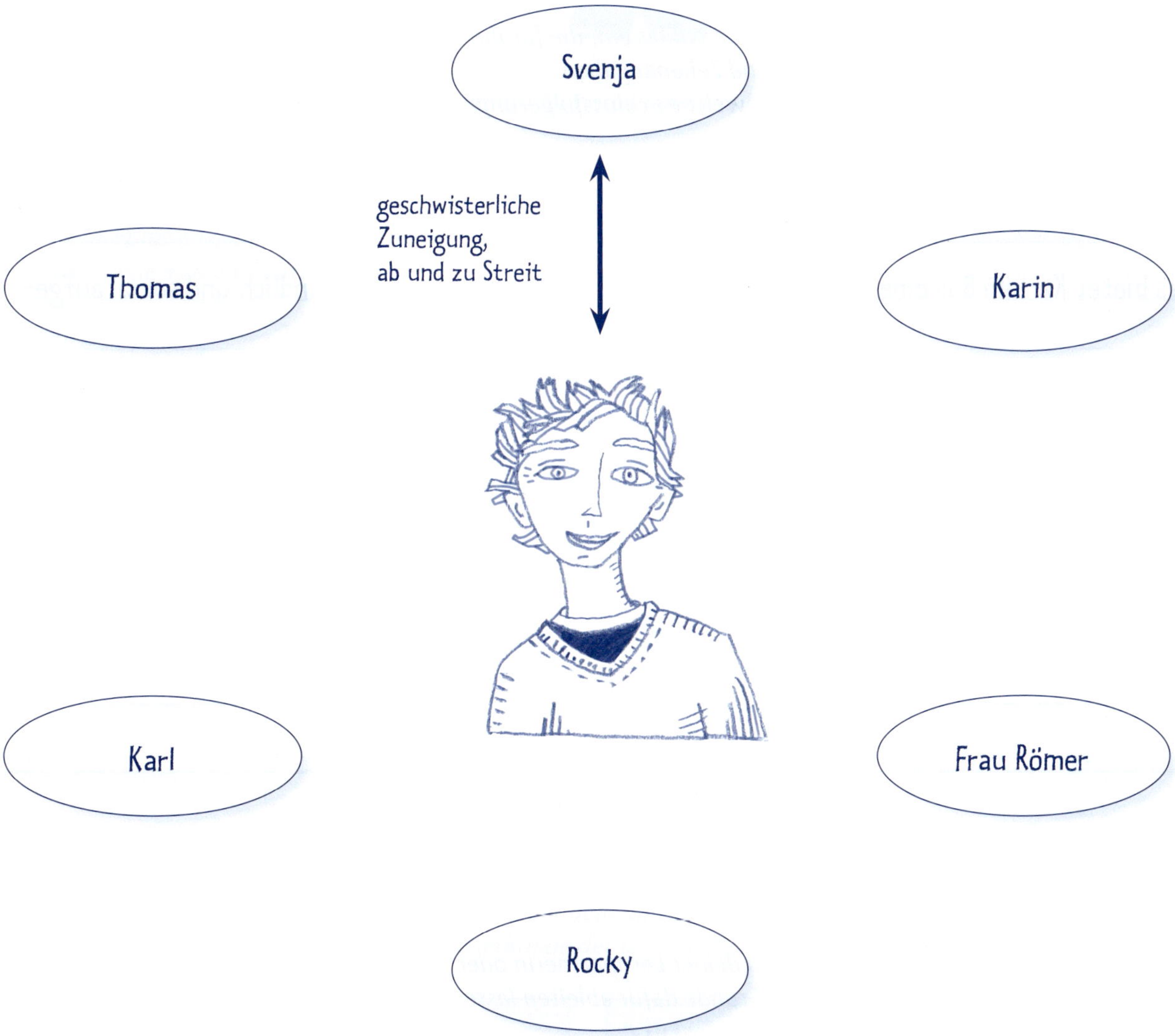

2 *Übertrage dein Ergebnis sauber auf eine OHP-Folie und bereite dich darauf vor, die Grafik der Klasse zu präsentieren. Überlege dir dafür, wie du deine Pfeile und Beschriftungen begründest.*

TIPP

Das oben stehende Schaubild nennt man **Soziogramm**. Ein Soziogramm stellt persönliche Beziehungen zwischen Figuren grafisch dar. Mit seiner Hilfe können Beziehungen anschaulich gemacht und verdeutlicht werden.
Für die Qualität eines Soziogramms ist es wichtig, dass es bei aller Komplexität der Beziehungen dennoch übersichtlich bleibt. Deshalb solltest du dir genau überlegen, welche Angaben du für wichtig hältst.

Svenja denkt nach – Eine Schreibkonferenz durchführen (Teil 1)

1 *Formuliere fünf bis sechs knappe Aussagen, die deiner Meinung nach Svenja, Niklas' Schwester, charakterisieren.*

2 *Verfasse einen Tagebucheintrag Svenjas, den sie unmittelbar nach den Ereignissen schreibt, die im 4. Kapitel (S. 24–28) erzählt werden. Gehe so vor:*

a) Notiere stichwortartig, was Svenja denken könnte über
- *das, was sich vorher unmittelbar ereignet hat,*
- *die verschwundene CD,*
- *Niklas' Verhalten,*
- *das Verhalten ihrer Eltern,*
- *eine mögliche Anzeige.*

b) Schreibe den Tagebucheintrag. Berücksichtige dabei die folgenden Aspekte:
- *Schreibe aus Svenjas Sicht in der Ich-Perspektive.*
- *Achte auf den inhaltlichen Bezug zur Romanhandlung.*
- *Schreibe nicht nur auf, was passiert ist, sondern auch, was Svenja darüber denkt.*
- *Versuche Stil und Ausdruck der Figur Svenja angemessen zu gestalten.*

3 *Bildet zu dritt oder zu viert eine Schreibkonferenz.*

a) Tauscht eure Texte aus, stellt Gelungenes heraus und macht Verbesserungsvorschläge zu Stellen, die ihr weniger gelungen findet. Orientiert euch an den Hinweisen im Tipp-Kasten und an den Leitfragen auf dem Protokollbogen (S. 17).

b) Überarbeitet anschließend jeweils euren eigenen Text.

TIPP

In einer **Schreibkonferenz** bespricht man in einer kleinen Gruppe Textentwürfe, um sie anschließend auf der Grundlage des Gedankenaustauschs und der Verbesserungsvorschläge überarbeiten zu können.
- Jedes Gruppenmitglied liest den anderen seinen Text ein- bis zweimal vor.
- Die Zuhörer machen sich währenddessen auf dem Protokollbogen Notizen und äußern sich anschließend auf dieser Grundlage zu dem Text.
- Der Vortragende fasst die Vorschläge der anderen Gruppenmitglieder mit eigenen Worten zusammen und notiert sie in Stichworten auf seinem eigenen Protokollbogen. Das dient der Erinnerung und Hilfe bei der Überarbeitung des Textes.
- Im Anschluss an die Konferenz überarbeitet jeder seinen eigenen Text.

Svenja denkt nach – Eine Schreibkonferenz durchführen (Teil 2)

Protokollbogen für eine Schreibkonferenz

Wird die Ich-Perspektive der Tagebuchschreiberin konsequent eingehalten?

□ ja □ nein (kurze Hinweisnotiz)

___

___

Bleibt der inhaltliche Bezug zum bisherigen Geschehen gewahrt?

□ ja □ nein (kurze Hinweisnotiz)

___

___

Gibt es ausführlichere Passagen, in denen Svenja nicht nur die Dinge erzählt, sondern auch darüber nachdenkt?

□ ja □ nein (kurze Hinweisnotiz)

___

___

Sind Sprachstil und Ausdruck der Figur Svenja angemessen?

□ ja □ nein (kurze Hinweisnotiz)

___

___

Ist der Text inhaltlich nachvollziehbar aufgebaut?

□ ja □ nein (kurze Hinweisnotiz)

___

___

Weitere Tipps:

___

___

___

Abschreckung und Anziehung – Niklas' Gefühle analysieren

1 *Lies sorgfältig das 7. Kapitel (S. 39–43).*

2 *Gliedere das Kapitel in Handlungsabschnitte. Markiere im Buch die Stellen, an denen ein neuer Handlungsabschnitt beginnt. Orientiere dich dabei an den Überschriften in der unten stehenden Tabelle.*

3 *Notiere in der Tabelle zu jedem Abschnitt in Stichworten, von welchen Gefühlen Niklas zu diesem Zeitpunkt bestimmt wird.*

vor dem Besuch bei Karl	während des Besuchs		nach dem Besuch
	nach der Ankunft	nach dem Gasangriff	

4 *Zeichne eine Kurve, die Niklas' wechselnde Gefühle im Verlauf der in diesem Kapitel erzählten Handlung deutlich macht.*

5 *a) Vergleiche deine Gefühlskurve mit der, die deine Lernpartnerin oder dein Lernpartner gezeichnet hat. Erklärt euch gegenseitig, was die Kurven über Niklas' Gefühlslage aussagen.*
b) Formuliert gemeinsam in einem Satz, welches Gefühl bei Niklas am Ende des 7. Kapitels vorherrschend ist und warum.

Gesichter der Gewalt – Karls Vorgehen untersuchen

1 *Stelle zusammen, womit Karl im Verlauf der Romanhandlung Gewalt gegen Niklas ausübt. Sammle alle Handlungen Karls, mit denen er Niklas schikaniert, verletzt und terrorisiert, in den Kästen. Halte dabei Formen der Gewalt, die sich wiederholen, nur einmal fest.*

gestohlene CD	
Messerangriff	

2 *a) Betrachte das Schaubild und erläutere es kurz schriftlich.*
b) Kennzeichne die in der Grafik aufgeführten Formen der Gewalt mit unterschiedlichen Farben und ordne Karls Gewaltaktivitäten durch farbliche Markierungen den Formen der Gewalt aus dem Schaubild zu.

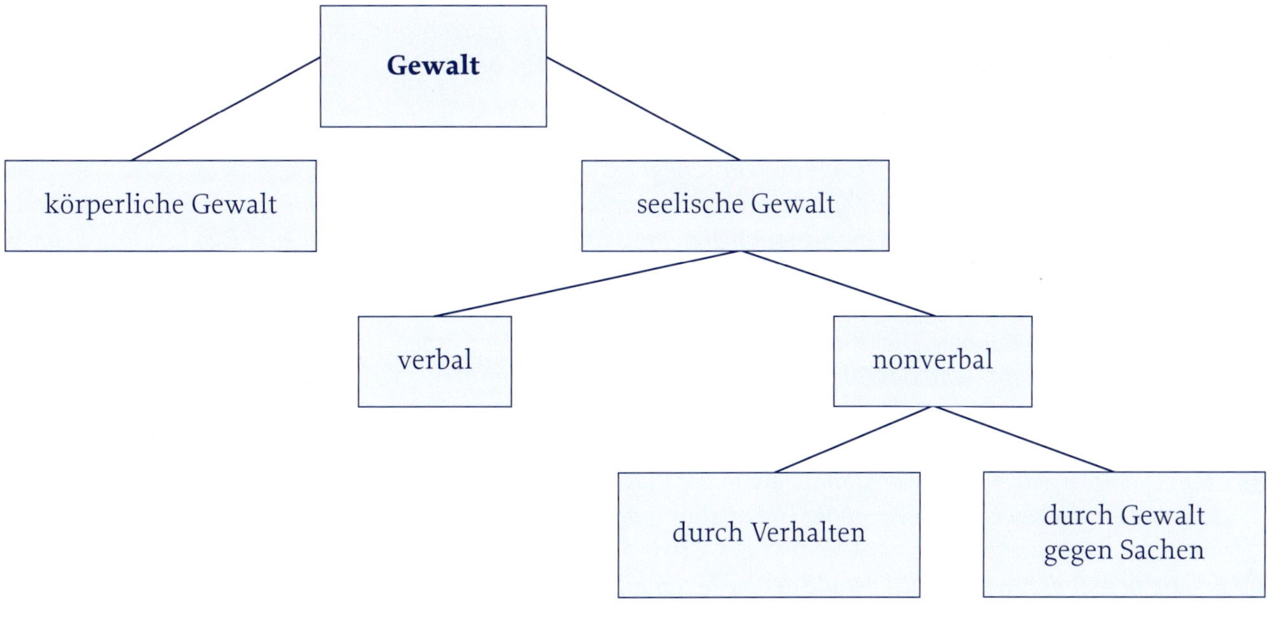

3 *Fasse in einem Text zusammen, auf welche Weise Niklas in „Nicht Chicago. Nicht hier." mit Gewalt gegen sich konfrontiert wird. Greife dabei auf deine Ergebnisse aus den Aufgaben 1 und 2 zurück.*

„Alles Lüge!“ – Ein Standbild bauen

„Warum erfindest du solche Sachen?“, sagt Karin. Beim Telefonieren hat sie die Tür hinter sich zugezogen. Sie mag nicht, wenn man sie belauscht. „Weißt du, wie unangenehm das für mich war? Ich lege los und beschuldige diesen Jungen und dabei war es ein Zusammenstoß! Und wahrscheinlich warst du sogar schuld!“
„Was?“, schreit Niklas. „Was? Und das Messer?“
„Ach, hör doch auf, Niklas!“, sagt Karin böse. „Solche blödsinnigen Schauergeschichten! Du siehst zu viel falsche Filme! Karl ist auf dem Radweg gefahren und da bist du vom Feuerwehrteich gekommen, aus dem Gebüsch, mit vollem Tempo ...“
„Lüge!“, schreit Niklas. „Alles Lüge!“
„... und als ihr beide gestürzt seid, hast du dich nicht mal entschuldigt!“, sagt Karin. „Zum Glück ist an Karls Rad nur die Lampe verbogen. Seine Mutter wollte gerade bei uns anrufen, damit wir den Schaden ersetzen.“
„Lüge!“, schreit Niklas. „Alles Lüge!“
„Hör auf!“, sagt Karin scharf. „Warum hätte dieser Karl das auch tun sollen? Dir auflauern! Das hätte ich mich eigentlich gleich fragen müssen! Das tut doch niemand ohne Grund! Hier ist doch nicht Chicago!“

Gefühle von Karin und Niklas

Karin ist von Niklas enttäuscht.

Kirsten Boie: Nicht Chicago. Nicht hier. 12. Aufl. München: Deutscher Taschenbuch Verlag 2008, S. 58f.
© 1999 Verlag Friedrich Oetinger, Hamburg

1 *a) Lies den Textauszug und halte im Heft stichwortartig fest, in welchem Handlungszusammenhang das Gespräch im Roman steht.*
b) Mache dir bewusst, welche Ereignisse dem Gespräch vorausgegangen sind, und notiere in der rechten Spalte die Gefühle, die Niklas und seine Mutter im Laufe des Dialogs bewegen.

2 *Bildet Vierergruppen und entwickelt Vorschläge für ein Standbild, das die Gesprächssituation genau an dem Punkt einfriert, der in der Textpassage grau unterlegt ist.*
a) Beratet euch intensiv, welche Mittel der Gestik, Mimik, Körperhaltung und Stellung der Figuren zueinander euch sinnvoll erscheinen, um die Situation angemessen zu erfassen. Haltet dabei eure Diskussionsergebnisse in Stichworten schriftlich fest.
b) Wählt nun zwei Personen als Darsteller aus. Sie müssen sich im Folgenden vollkommen passiv verhalten – wie bewegliche Puppen. Die beiden anderen Gruppenmitglieder formen als „Regisseure“ das Standbild.
c) Wenn alles stimmt, wird das Bild für etwa 20 Sekunden „eingefroren“. Zur Sicherung ist es hilfreich, das Standbild mit einem Fotoapparat oder der Handykamera zu fotografieren.

3 *Stellt exemplarisch ein bis zwei Standbilder in der Klasse vor. Zunächst äußern die Beobachtenden, was sie an dem Bild entdecken können. Anschließend erläutern die Darstellenden, was sie zeigen wollten.*

4 *Erkläre begründet, warum sich gerade der im Text markierte Zeitpunkt des Gesprächs gut für eine Darstellung als Standbild eignet.*

Was ist passiert? – Einen Anzeigentext verfassen

Kurz nachdem Niklas' Kaninchen aus dem Stall entwendet wurde, geht sein Vater zur Polizei. Er will Anzeige gegen Karl und die anderen erstatten und hofft, damit den Terror gegen Niklas und seine Familie beenden zu können. Der Polizist gibt ihm ein Formular zum Ausfüllen mit. Was genau Thomas in dem Anzeigentext geschrieben hat, erfahren die Leserinnen und Leser nicht.

1 *Verfasse die Anzeige, die Thomas geschrieben haben könnte. Folge dabei dem unten stehenden Muster. Wenn der Platz bei einzelnen Fragen nicht ausreicht, schreibe auf einem separaten Blatt weiter.*

1. Was ist passiert? (kurze Sachverhaltsschilderung)

2. Wie ist es passiert? (Tathergang aus Sicht des Anzeigenerstatters)

3. Wo ist es passiert? (Tatort)

4. Wann ist es passiert? (Tatzeit)

5. Wer hat die Tat begangen? (Täter/Tatverdächtige/r)

6. Wer hat etwas beobachtet? (Zeuge/n)

2 *Lest die Anzeige eurer Lernpartnerin oder eures Lernpartners und ergänzt eure Texte.*

3 *Diskutiert im Klassengespräch, welche Schwierigkeiten es beim Verfassen der Anzeige gibt im Hinblick auf die Sachlage, die Thomas anzeigen will.*

Frau Römer – Zum Verhalten der Lehrerin Stellung nehmen

Die Betreiber der Internetseite Mobbingberatung.info (http://www.mobbingberatung.info/) halten für Lehrerinnen und Lehrer folgende Empfehlungen fest, um angemessen mit Gewalt gegenüber Schülerinnen und Schülern und Mobbing umzugehen:

Achten Sie schon auf
- erste Anzeichen des Leids und Kummers bei Ihren Schülern,
- Verschlechterung der Leistung,
- vorgetäuschte Krankheit,
- Absonderung von der Gruppe,
- den Wunsch, sich in der Nähe von Erwachsenen aufzuhalten und
- unregelmäßige Teilnahme am Unterricht.

Auch wenn diese Symptome durch andere Probleme verursacht sein können, sie können Anzeichen von Mobbing sein.

- Hören Sie aufmerksam Schülergesprächen zu und notieren Sie sich alle Vorfälle.
- Bieten Sie dem Opfer sofort Unterstützung und Hilfe an und veranlassen Sie, dass umgehend schulische Maßnahmen getroffen werden.
- Machen Sie dem Täter und seinen Eltern (auch schriftlich) klar, dass dieses Verhalten unakzeptabel ist und welche Folgen eine Wiederholung haben wird.
- Sorgen Sie dafür, dass alle zugänglichen Orte während der Pausen und auch unmittelbar nach Schulschluss kontrolliert werden.
- Greifen Sie bei der Bekämpfung von Mobbing/Gewalt auf alle Mitglieder der Schulgemeinschaft zurück und diskutieren Sie die folgenden Möglichkeiten in der Klasse: Schülerteams können bei der Lösung des Problems eingesetzt werden. Die Schüler können ebenso ermuntert und eingesetzt werden, um verängstigten Kindern und Neuankömmlingen das Gefühl des Angenommenseins zu vermitteln.

http://www.mobbingberatung.info/pages/lehrer/wachsamkeit.php

1 *Lies die folgenden Seiten des Romans, auf denen Niklas' Lehrerin Frau Römer geschildert wird, noch einmal sorgfältig: S. 15–18, 46–48, 113–115, 120–122.*

2 *Prüfe mit Hilfe der oben stehenden Empfehlungen, von welchem Zeitpunkt an sich die Lehrerin gegenüber Niklas nicht mehr angemessen verhält. Begründe dabei genau, warum du gerade den von dir gewählten Zeitpunkt als ausschlaggebend ansiehst. Halte deine Begründung schriftlich fest.*

____

____

____

____

____

3 *a) Diskutiere mit deiner Lernpartnerin oder deinem Lernpartner, welche Verhaltensmöglichkeiten Frau Römer gehabt hätte.*
b) Entwerft einen Dialog in Anlehnung an das Gespräch im Omnibus (S. 113–115), der für Niklas hilfreicher hätte verlaufen können.

Was ist Mobbing? – Einen Lexikonartikel erstellen

Bestimmte Formen der Gewalt, die leider auch unter Schülerinnen und Schülern vorkommen, werden als „Mobbing" bezeichnet. Manchmal fällt dieser Begriff aber auch in Zusammenhängen, in denen er nicht passt. Deshalb ist es sinnvoll zu klären, was der Begriff meint, von dem so häufig die Rede ist.

TIPP

WebQuests sind Spurensuchen im Internet. Das World Wide Web ist ein gigantischer Raum voller Informationen, der aber keine Struktur hat und manchmal als undurchdringliches Dickicht erscheint. Gibt man in einer Suchmachine das Suchwort „mobbing" ein, so erhält man rund 3,7 Millionen Fundstellen. Das Richtige zu finden, wird dadurch sehr schwer. Hier setzt die besondere Funktion des WebQuests ein. Er entlastet von der Suche, indem er Fundstellen (**Internetquellen**) vorgibt. Hier geht es nicht mehr um die Suche nach Spuren, sondern um die Suche in den Spuren, darum, die richtigen Informationen zu entnehmen, weniger darum, sie erst einmal zu finden.

1 *Erarbeitet mit Hilfe eines WebQuests in Partnerarbeit eine Erklärung des Begriffs „Mobbing" und verfasst einen Artikel für ein Jugendlexikon, in dem ihr eure Einsichten erläutert.*
Geht bei eurer Internetrecherche von den folgenden Leitfragen aus, die euch helfen, den Begriff „Mobbing" in seiner Vielschichtigkeit zu erklären:
- *Woher kommt der Begriff „Mobbing"?*
- *Wo tritt Mobbing auf?*
- *Wie zeigt sich Mobbing? In welchen Formen tritt es auf?*
- *Welche Auswirkungen hat Mobbing?*
- *Was ist Mobbing nicht? Womit sollte es nicht verwechselt werden?*
- *Wie kann man sich sinnvoll und erfolgreich gegen Mobbing wehren?*
- *Welche anderen Begriffe gibt es, die Vergleichbares meinen?*

Verfasst euren Lexikonartikel so, dass der Aufbau der Beantwortung der Leitfragen folgt.

Internetquellen:

Manche Links sind zu lang, um sie hier vollständig wiedergeben zu können. In diesem Fall wird die Eingangsseite angegeben und eine Hilfe, wie man zu der entsprechenden Unterseite gelangt.

- http://www.dgb.de/themen/mobbing/was_ist_mobbing.htm/
- http://www.dasrechtsportal.de [ins Suchfeld der Seite eingeben: mobbing in der schule]
- http://www.mobbing-web.de/html/mobbing-definitionen.html
- http://www.familienhandbuch.de/cmain/fAktuelles/aSchule/s360.html
- http://arbeitsblaetter.stangl-taller.at/KOMMUNIKATION/MobbingSchule.shtml
- http://www.schueler-gegen-mobbing.de/
- http://www.mobbingberatung.info/pages/gewalt.php

2 *a) Tauscht euch mit einem anderen Partnerteam über eure Erfahrungen bei der Recherche und beim Verfassen des Artikels aus und gebt euch gegenseitig Tipps.*
b) Lest jeweils den Artikel des anderen Partnerteams und macht gegebenenfalls Änderungsvorschläge. Wählt in der Gruppe einen Lexikonartikel aus.
c) Stellt die ausgewählten Artikel in der Klasse vor.

Mobbing unter Jugendlichen – Diagramme auswerten

Diagramm 1
Wo direktes Mobbing stattfindet

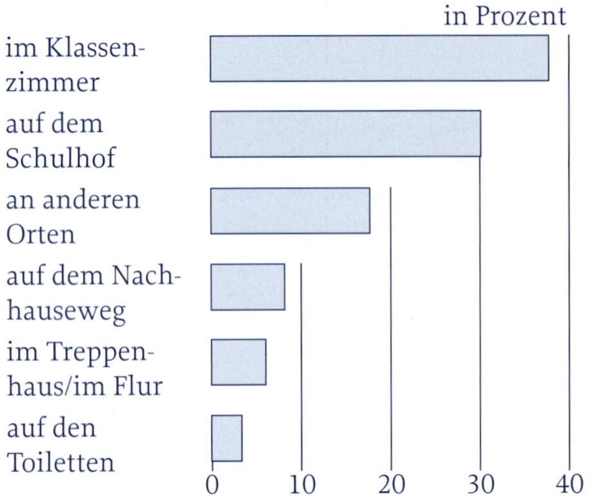

Diagramm 2
Wann direktes Mobbing stattfindet

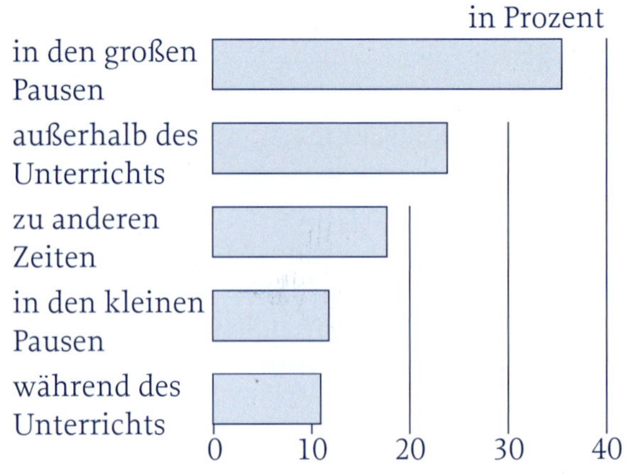

Diagramm 3
Mobbingopfer, aufgeteilt nach Schultypen

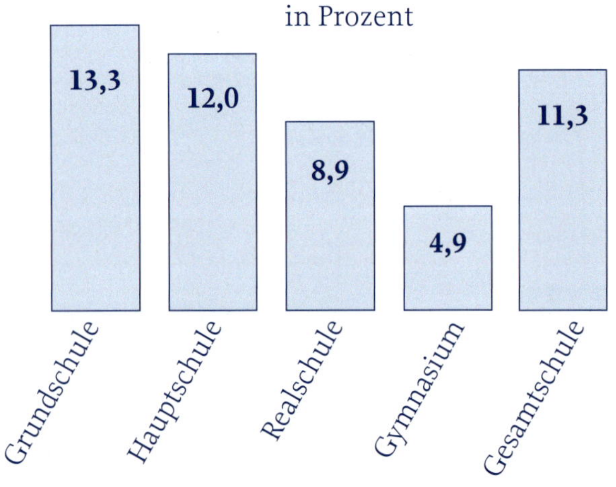

Diagramm 4
Cyber-Mobbing nach Klassenstufen

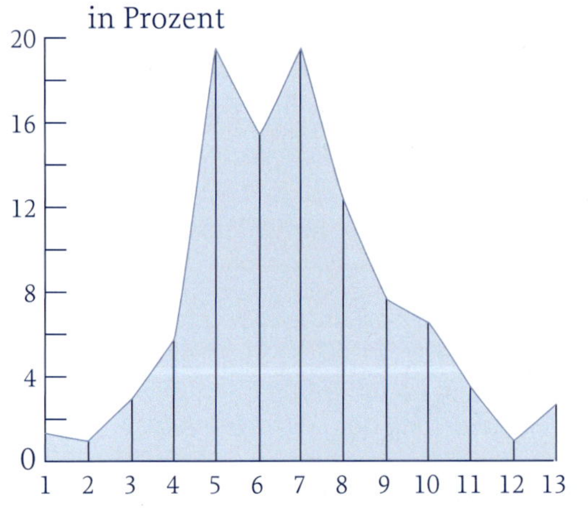

Quelle: Zentrum für empirische pädagogische Forschung (zepf), Universität Koblenz-Landau (Diagramme 1, 2 und 4); Mustafa Jannan: Das Anti-Mobbing-Buch. Weinheim & Basel: Beltz 2008 (Diagramm 3)

1 *a) Verteilt in Vierergruppen die Diagramme auf je ein Gruppenmitglied.*
b) Klärt in der Gruppe die Begriffe „direktes Mobbing" und „Cyber-Mobbing".

2 *Bearbeitet nun zunächst jeder für sich „euer" Diagramm:*
a) Beschreibe genau den Aufbau des Diagramms. Achte dabei auf die Beschriftungen, die Art des Diagramms (z. B. Säulendiagramm) und die angegebenen Maßeinheiten.
b) Mache dir Notizen zu den Informationen, die man dem Diagramm entnehmen kann.
c) Formuliere in einem Satz, was aus deiner Sicht die Kernaussage des Diagramms ist.

3 *Setzt euch mit Mitschülerinnen oder Mitschülern zusammen, die das gleiche Diagramm bearbeitet haben. Vergleicht eure Ergebnisse. Korrigiert dabei eventuell aufgetretene Missverständnisse oder Fehler.*

4 *Geht nun zurück in eure Stammgruppen. Stellt euch dort gegenseitig eure Ergebnisse vor.*

5 *Formuliert gemeinsam in aussagekräftigen Thesen, welche allgemeinen Aussagen über Mobbing auf Grund eurer Einzelergebnisse getroffen werden können. Haltet die Thesen auf einem Wandplakat fest.*

Schulwechsel als Lösung? – Eine Podiumsdiskussion führen (Teil 1)

Sollte selbst der Psychiater nicht weiterhelfen können, so wäre die letzte Möglichkeit, die Schule zu wechseln.
http://www.schueler-gegen-mobbing.de/portal/modules.php?name=News&file=article&sid=19

In mindestens der Hälfte der Fälle erweist sich das [ein Schulwechsel] nicht als Lösung.
http://www.mobbingberatung.info/pages/fragen.php

„*Karl* ist seine Krise!", ruft Thomas.
„Kann es nicht sein, Sie machen es sich da zu einfach?", sagt Frau Römer. Vorsichtig. „Zurzeit hat Niklas in Latein eine Fünf, in Englisch, in Mathematik. In Deutsch wird es vielleicht noch eine Vier, in Geschichte ... Irgendwas ist bei Niklas im Augenblick ganz durcheinander. Das haben Sie doch sicher auch schon gemerkt?"
Thomas schluckt.
„Heißt das, er muss die Klasse wiederholen?", fragt er. „Wenn ich ganz ehrlich sein soll, würde ich die Realschule empfehlen", sagt Frau Römer. „Auch da wird Niklas noch genug zu arbeiten haben."
„Danke", sagt Thomas.
„Es tut mir so leid", sagt Frau Römer.

Kirsten Boie: Nicht Chicago. Nicht hier. 12. Aufl. München: Deutscher Taschenbuch Verlag 2008, S. 121 f.
© Verlag Friedrich Oetinger, Hamburg

1 *a) Lies die Expertenmeinungen und den Romanauszug zum Thema „Schulwechsel bei Mobbing – eine Lösung?".*
b) Tauscht euch in Partnerarbeit über eure Standpunkte zu dem Thema aus.

2 *Sammle in der Tabelle Pro- und Kontra-Argumente zu der Frage, ob ein Schulwechsel für Niklas die richtige Alternative wäre. Berücksichtige dabei Niklas' gesamte Lebenssituation zu dem Zeitpunkt, als sein Vater mit Frau Römer spricht.*

Ein Schulwechsel wäre für Niklas eine Lösung, weil ...	**Ein Schulwechsel wäre für Niklas keine Lösung, weil ...**

3 *Stellt euch in den Partnerteams aus Aufgabe 1 eure Argumente vor und legt euch jeweils auf einen Standpunkt zu der Frage fest.*

Schulwechsel als Lösung? – Eine Podiumsdiskussion führen (Teil 2)

4 *Bereitet eine Podiumsdiskussion zu der Frage vor, ob ein Schulwechsel für Niklas die richtige Alternative wäre. Geht dazu folgendermaßen vor:*
a) Bestimmt einen Diskussionsleiter oder eine Diskussionsleiterin.
b) Bildet zwei Großgruppen, eine Pro- und eine Kontra-Gruppe, und teilt die Großgruppen jeweils in Dreier- oder Viergruppen auf.
c) Sammelt in den Kleingruppen die überzeugendsten Argumente für euren Standpunkt und bestimmt einen Sprecher oder eine Sprecherin, der/die eure Argumente in der Diskussion vertreten wird. Die übrigen Gruppenmitglieder machen sich mit dem Beobachtungsbogen vertraut.
d) Erstellt ein Meinungsbild der ganzen Klasse zu der Frage, die diskutiert werden soll, und haltet das Ergebnis an der Tafel fest. Hier gibt jeder Schüler die eigene Meinung ab, unabhängig davon, in welcher Vorbereitungsgruppe er gearbeitet hat.
e) Baut die Klasse für eine Podiumsdiskussion um.

5 *Führt die Podiumsdiskussion durch. Setzt dabei die folgenden Schritte um:*
a) Der Diskussionsleiter erteilt nacheinander je einem Vertreter der Pro-Gruppe und der Kontra-Gruppe das Wort. Beide haben zwei Minuten Zeit, ihre Positionen zu vertreten und zu begründen.
b) Danach eröffnet der Diskussionsleiter die offene Diskussion. Dabei achtet er darauf, dass die Gesprächsteilnehmer bei der Sache bleiben und einander ausreden lassen.
c) Die Zuhörer notieren sich auf dem Beobachtungsbogen, wie sie die Diskussionsteilnahme ihrer Gruppensprecher beurteilen.
d) Wenn der Diskussionsleiter die Diskussion beendet hat, da alle Argumente vorgebracht wurden, stimmen alle Schülerinnen und Schüler der Klasse noch einmal über die Fragestellung ab und prüfen, ob sich das Meinungsbild geändert hat.

6 *a) Tauscht im Klassengespräch eure Eindrücke von der Diskussion aus. Dabei sollten zuerst diejenigen zu Wort kommen, die an der Podiumsdiskussion als Teilnehmer beteiligt waren, danach die Beobachter.*
b) Geht anschließend in die jeweiligen Kleingruppen zurück und gebt eurem Vertreter auf dem Podium mit Hilfe der Beobachtungsbogen ein persönliches Feedback.

Beobachtungsbogen

Beobachtungsbogen zu ____________ **Unser Gruppensprecher/unsere Gruppensprecherin …**	**ja**	**einge-schränkt**	**nein**
… hat sich durch zahlreiche Wortbeiträge an der Podiumsdiskussion beteiligt.			
… hat die zuvor in der Kleingruppe erarbeiteten Aspekte und Argumente in die Diskussion einbringen können.			
… hat die Argumente mit Erfolg vertreten können.			
… hat sich den Gesprächspartnern zugewandt, wenn er/sie gesprochen hat.			
… hat sich mit Gegenargumenten sachlich auseinandergesetzt.			
… hat die übrigen Teilnehmerinnen und Teilnehmer ausreden lassen.			
… hat sich selbst nicht von Zwischenrufen aus dem Konzept bringen lassen.			

Zeit und Handlung – Die Erzählstruktur erfassen

Die Handlung des Romans „Nicht Chicago. Nicht hier." wird auf zwei Ebenen erzählt, die dadurch kenntlich gemacht werden, dass sie sich im Druckbild unterscheiden.

1 *a) Fasse den Inhalt einer Handlungsebene so kurz wie möglich schriftlich zusammen, während deine Lernpartnerin oder dein Lernpartner die andere Handlungsebene zusammenfasst. Einigt euch, wer welchen Teil übernimmt.*
b) Tauscht eure Ergebnisse aus und gebt euch Rückmeldung, ob die Texte das jeweilige Geschehen überzeugend zusammenfassen.

2 *a) Klärt in Partnerarbeit den zeitlichen Zusammenhang der beiden Erzählebenen. Betrachtet dazu noch einmal das 2. und das 26. Kapitel (S. 6 und S. 126) und das Ereignis, das dort jeweils geschildert wird.*
b) Versucht gemeinsam eine Erläuterung zu formulieren, wie die beiden Handlungsebenen im Roman miteinander verschränkt werden.

____

____

3 *Überlegt, welche Wirkung diese besondere Erzählstruktur beim Lesen entfaltet. Berücksichtigt dabei auch die Zeitform, in der das Geschehen erzählt wird. Schreibt eure Ergebnisse auf.*

4 *Betrachte die vier Vorschläge, den Aufbau des Romans „Nicht Chicago. Nicht hier." bildlich darzustellen. Wähle die Darstellung aus, die du für die treffendste hältst, und begründe warum.*

Bild 1

Bild 2

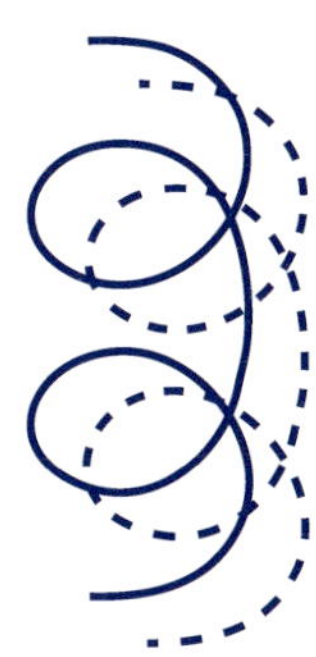

Bild 3

Bild 4

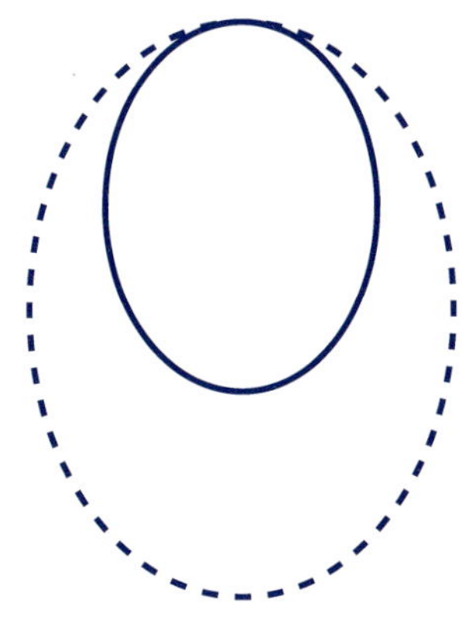

5 *Vergleiche dein Ergebnis mit dem deiner Partnerin oder deines Partners. Im anschließenden Klassengespräch solltest du in der Lage sein, ihre oder seine Argumente für ein bestimmtes Bild wiedergeben zu können.*

Name: **Klasse:** **Datum:**

Einen Sachtext untersuchen

Der schwedische Psychologe Dan Olweus beschäftigt sich seit Jahrzehnten mit dem Thema Mobbing und Gewalt an Schulen. In einem seiner Bücher stellt er Folgendes fest:

Was charakterisiert den typischen Gewalttäter?
Ein kennzeichnendes Merkmal des typischen Gewalttäters oder der Gewaltanwenderin ist die Aggressivität gegenüber Gleichaltrigen. Das ist in der Definition des Gewalttäters impliziert[1]. Aber Gewalttäter und Gewalttäterinnen sind auch oft gegen Erwachsene aggressiv, sowohl gegen Lehrer und Lehrerinnen als auch gegen Eltern. Allgemein haben Gewalttäter eine positivere Einstellung zu Gewalt und der Anwendung von gewaltsamen Mitteln als Schulkinder im Allgemeinen.
Außerdem zeichnen sie sich oft durch Impulsivität[2] aus und ein starkes Bedürfnis, Macht über andere auszuüben. Sie haben wenig Mitgefühl mit Opfern von Gewalttätigkeit. Die Gewalttäter und Gewalttäterinnen haben eine vergleichsweise positive Meinung von sich selbst [...]. Sind es Jungen, so sind sie meistens körperlich stärker als Jungen im Allgemeinen und als ihre Opfer im Besonderen [...].
Eine von Psychologen und Psychologinnen sowie Psychiatern und Psychiaterinnen allgemein geteilte Meinung ist die, dass Menschen mit aggressivem und rohem Verhaltensmuster „unter der Oberfläche“ eher ängstlich und unsicher seien. Die Annahme, dass Gewalttäter im Grunde unsicher seien, wurde in mehreren meiner eigenen Erhebungen untersucht, auch mit Hilfe von „indirekten“ Methoden wie Stresshormonen und speziellen Persönlichkeitstests. In den Ergebnissen fand sich nichts, was diese allgemeine Ansicht untermauern könnte. Die Ergebnisse wiesen eher in die entgegengesetzte Richtung: Die Gewalttäter waren ungewöhnlich wenig ängstlich und unsicher, oder sie lagen in dieser Hinsicht etwa beim Durchschnitt [...]. Sie litten nicht an schwachem Selbstwertgefühl.
[...]
Mehrere Erhebungen haben gezeigt, dass Gewalttäter und -täterinnen durchschnittlich oder etwas unterdurchschnittlich beliebt sind [...]. Oft sind sie von einer kleinen Gruppe von zwei bis drei Freunden und Freundinnen umgeben, die sie unterstützen und die sie zu mögen scheinen [...].
Insgesamt kann der typische Gewalttäter als einer oder eine beschrieben werden, der oder die ein aggressives Reaktionsmuster (bei Jungen) mit körperlicher Stärke verbindet.
Die bisher vorliegenden Forschungsergebnisse lassen vermuten, dass es – vor allem bei männlichen Tätern, die besser untersucht sind – drei (zum Teil miteinander verknüpfte) Motive für Gewaltanwendung gibt: (1) Die Täter haben ein starkes Bedürfnis nach Machtausübung und Herrschaft über andere und genießen es, andere zu kontrollieren und zu unterwerfen. (2) Die familiären Bedingungen, unter denen viele von ihnen heranwachsen, lassen vermuten, dass sie gegenüber ihrer Umgebung Feindseligkeit entwickeln; solche Gefühle und Impulse führen wohl dazu, dass es sie befriedigt, andere zu beleidigen und zu quälen. (3) Schließlich gibt es eine „instrumentelle Komponente“ in ihrem Verhalten: Die Gewalttäter zwingen ihre Opfer öfters, ihnen Geld, Zigaretten, Bier oder andere für sie wertvolle Dinge zu beschaffen.

Dan Olweus: Gewalt in der Schule. Was Lehrer und Eltern wissen sollten – und tun können. 4. Aufl. Bern: Huber Verlag 2006, S. 44 f.

[1] **impliziert:** inbegriffen, mitgemeint
[2] **Impulsivität:** Lebhaftigkeit, rasche Umsetzung plötzlicher Einfälle

1 *Notiere mit Spiegelstrichen und in Stichworten die Merkmale, die nach Olweus einen Gewalttäter charakterisieren.*

2 *Fasse die Hauptgedanken des Textes zusammen.*

3 *Stelle den Bezug zu dem Roman „Nicht Chicago. Nicht hier.“ her, indem du zusammenhängend darstellst, welche der von Olweus genannten Merkmale in besonderer Weise Karl charakterisieren. Begründe deine Erläuterungen aus dem Zusammenhang der Romanhandlung heraus.*

Name: **Klasse:** **Datum:**

Romanauszüge analysieren und vergleichen

2. Kapitel:

„Ja", sagt Thomas. Der Vater. „Ja." Er starrt auf die Käfigtür.

Der Himmel sieht aus wie in Vampirfilmen, Wolken jagen vor dem Mond.

„Rex!", ruft Niklas. „Rexo, Rex! Er ist weg, wo bist du Rex, wo bist du!"

„Niklas!", sagt Karin. Die Mutter. Packt ihn an den Schultern, rüttelt ihn. „Niklas, beruhige dich! Wir finden ihn wieder!"

„Rex!", schreit Niklas. „Rexo!" Dann stößt er einen Ton aus, hoch und schrill, lang gezogen, nicht enden wollend. Es ist nur ein Kaninchen.

„Niklas!", ruft Karin wieder und rüttelt ihn. „Hör auf, Niklas, hör doch auf!"
[...]

26. Kapitel

Der Himmel sieht aus wie in Vampirfilmen, Wolken jagen vor dem Mond.

„Rex!", schreit Niklas. „Rexo, Rex! Er ist weg, wo bist du Rex, wo bist du!"

„Niklas!", sagt Karin und packt ihn an den Schultern. Rüttelt ihn, hart. „Niklas, beruhige dich! Wir finden ihn wieder!"

„Rex!", schreit Niklas. „Rexo!" Dann stößt er einen Ton aus, hoch und schrill, einen Ton abgrundtiefen Schmerzes, lang gezogen, nicht enden wollend.

Karl hat es also getan.

Kirsten Boie: Nicht Chicago. Nicht hier. 12. Aufl. München: Deutscher Taschenbuch Verlag 2008, S. 6, 126.
© Verlag Friedrich Oetinger, Hamburg

1 *Ordne die Textstellen in den Zusammenhang der Handlung von „Nicht Chicago. Nicht hier." ein.*

2 *Markiere mit einem Textmarker in der rechten Spalte die Unterschiede zum Text aus dem 2. Kapitel.*

3 *Analysiere die wesentlichen Unterschiede der beiden Textstellen und ihre Wirkung auf den Leser. Gehe so vor:*
- ☐ *Erkläre, welchen Stellenwert die Eltern in den beiden Textstellen haben.*
- ☐ *Beschreibe, wie Niklas' Verhalten dargestellt wird.*
- ☐ *Erläutere und beurteile die Wirkung, die der letzte Satz im 26. Kapitel hat.*

Didaktischer Kommentar

Die Kopiervorlagen des vorliegenden Heftes zu dem Roman „Nicht Chicago. Nicht hier." von Kirsten Boie orientieren sich methodisch an der „Deutschbuch"-Reihe des Cornelsen Verlags und sind für den Einsatz in einer 7. oder 8. Klasse konzipiert. Die einzelnen Arbeitsblätter sind in unterschiedlichen Lernsituationen einsetzbar und bieten Anlässe zu Einzel-, Partner- und Gruppenarbeit. Die Arbeitsblätter können sowohl in Einzel- als auch in Doppelstunden verwendet werden. Es wurde Wert darauf gelegt, dass die Materialien nicht nur von Fachlehrerinnen und Fachlehrern des Faches Deutsch, sondern auch von fachfremden Kolleginnen und Kollegen z.B. im Rahmen des Vertretungsunterrichts eingesetzt werden können. Die Aufgaben eignen sich zudem in der überwiegenden Mehrheit auch als Hausaufgaben. Die vorliegenden Materialien haben das Ziel, das selbst gesteuerte und kooperative Lernen anzuleiten und zu fördern. Die ersten Arbeitsblätter sind für den Einstieg sowie zur Sicherung des Inhalts gedacht, die weiteren Kopiervorlagen bieten Material, das während der Lektüre eingesetzt werden kann. Die Materialien enthalten Angebote zur vertieften Auseinandersetzung mit der Handlung, den Figuren, der Erzählweise und thematischen Aspekten. Abgerundet werden die Kopiervorlagen mit Vorschlägen zu Klassenarbeiten sowie einem Lösungsteil.

Einstieg

Das Arbeitsblatt *Der Griff zum Buch – Buchcover beschreiben und vergleichen* (S. 5) dient einem ersten Zugang zum Roman. Es kann sowohl vor als auch nach der Erstlektüre eingesetzt werden. Im ersten Fall steht der assoziative Zugang im Vordergrund, der Leseerwartungen konkretisieren hilft und thematische Perspektiven vorbereitet. Ist der Roman schon bekannt, so ermöglicht das Verfahren, in einem ersten Zugriff Textkenntnis zu sichern (Teilaufgabe 3b) und thematische Aspekte zu fixieren.
Mit dem Arbeitsblatt *Informiert und interessiert? – Den Klappentext untersuchen* (S. 6) wird ergänzend zu dem Vergleich der Buchcover die Wirkung des Klappentextes analysiert.
Das folgende Arbeitsblatt *„Nicht Chicago." – Den Titel deuten und Fragen formulieren* (S. 7) dient der Besprechung des Romantitels. Dessen Anspielung auf die vermeintliche Rechtlosigkeit und hohe Kriminalitätsrate in der amerikanischen Großstadt stammt aus der Zeit der Prohibition und wird jugendlichen Leser/innen nicht von vornherein klar sein. Sie zu verstehen ist aber von erheblicher Tragweite, da sie sich in Stellungnahmen der Eltern wie ein roter Faden durch die Erzählhandlung zieht. Darüber hinaus regt das Arbeitsblatt die Schüler/innen dazu an, einen strukturierten Themenpool zu entwickeln, der die Grundlage für die weitere Arbeit an Teilaspekten des Romans bilden kann.

Inhaltssicherung

Die Verschränkung der beiden Handlungsebenen kann die Lesegewohnheiten der Schüler/innen irritieren und die Lektüre des Romans erschweren. Mit Hilfe des Arbeitsblattes *Was geschieht wann? – Sich im Roman zurechtfinden* (S. 8) kann die Orientierung im Roman erleichtert werden. Die arbeitsteilige Vorgehensweise macht darüber hinaus erfahrbar, in welchem Maße die Arbeitsergebnisse der Mitschüler/innen dem eigenen Verstehensprozess nützen. Die erarbeitete Inhaltsübersicht kann im Weiteren dabei helfen, Textpassagen des Romans zügig aufzufinden.
Die Kopiervorlage *Detailwissen gefragt – Ein Kreuzworträtsel lösen* (S. 9) ermöglicht eine spielerische Selbstüberprüfung der eigenen Romankenntnis. Dieses Arbeitsblatt kann gegebenenfalls durch unterschiedliche Lerntempi bedingte Leerläufe in Gruppen- und Partnerarbeitsphasen überbrücken.
Das Erarbeiten der Kurzcharakterisierungen mit Hilfe des Arbeitsblattes *Was weißt du über ...? – Figuren beschreiben* (S. 10) erfolgt in Schreibkonferenzen und schließt die erste, inhaltlich geprägte Annäherung an den Roman ab.

Figuren

Die Figurenkonstellation in „Nicht Chicago. Nicht hier." ist auf den Protagonisten Niklas hin ausgerichtet. Der Leser erfährt über die Figuren nur das, was sie mit dem Jungen in Beziehung setzt, nicht mehr. Dabei wird eine klare Zweiteilung in die Pole solidarische Nähe (Familie) und Ablehnung (Außenwelt) deutlich. Die aufbrechenden Konflikte innerhalb der Familie sprechen nicht gegen diesen Dualismus, sondern akzentuieren allein einen der Pole in spezifischer Weise. Die einzige Figur, die eine Ausnahme darstellt, ist der Polizist, der in kein persönliches Verhältnis zu Niklas gerückt wird. Um diesen Zusammenhang zu verdeutlichen, bietet sich die Entwicklung eines Soziogramms an, zu dem das Arbeitsblatt *Niklas und die anderen – Beziehungen untersuchen* (S. 11) auffordert.
Der Roman nimmt intensiv die Folgen des Mobbings und der Gewalt für das Opfer in den Blick. Die Frage, inwiefern Niklas ein „typisches" Opfer ist, stellt sich während der Lektüre nahezu zwangsläufig. Das Arbeitsblatt *Niklas, ein „typisches" Opfer? – Verhaltensweisen betrachten* (S. 12) zielt nicht darauf, den Täter zu exkulpieren, sondern Verhaltenswei-

sen und Dispositionen in den Blick zu nehmen, die für die psychischen Folgen für das Kind sensibilisieren und zumindest Ansätze zur Hilfestellung sichtbar machen können. Es ist wichtig herauszuarbeiten, dass sich in Niklas' Verhalten am Anfang in unterschiedlichen Facetten eine Mischung von Unterlegenheitsgefühl und Bewunderung für den Täter zeigt.
Die Kopiervorlage *Der Neue – Charaktere vergleichen* (S. 13) stellt dem Protagonisten die Täterfigur direkt gegenüber. Dabei soll deutlich werden, dass Karl bei aller nach außen getragenen Überheblichkeit dennoch nicht als ungebrochen starke Figur auftritt, sondern zumindest ab und an mit dem Aufrechterhalten des äußeren Scheins ringen muss. Vor diesem Hintergrund erfolgt eine Gegenüberstellung der Charaktere der beiden Jungen.
Das Verhalten der Eltern von Niklas ist für die Entwicklung der Romanhandlung von zentraler Bedeutung. Mit dem Arbeitsblatt *Die Eltern – Aussagen zuordnen und im Kontext deuten* (S. 14 f.) werden die Rolle und das Verhalten der Eltern detailliert erarbeitet und von den Schüler/innen bewertet. Dabei kann es zu divergierenden Urteilen kommen.
Das Arbeitsblatt *Svenja denkt nach – Eine Schreibkonferenz durchführen* (S. 16 f.) konzentriert sich auf Niklas' Schwester. Sie ist die einzige Figur, die von Anfang an ein deutliches Misstrauen gegenüber Karl hegt und im Gegensatz zu ihren Eltern illusionslos zu einer realistischen Einschätzung gelangt. Die Schreibkonferenz als Aufgabenformat verbindet die individuelle Auseinandersetzung mit Svenja mit einer kooperativen Arbeitsweise, die den intersubjektiven Austausch fördert und gleichzeitig die jeweils eigene Wahrnehmung der Figur schärft.

Handlung

Die Rat- und Hilflosigkeit gegenüber dem immer aggressiver werdenden Verhalten Karls ziehen sich als Leitthematik durch den gesamten Roman. Das Arbeitsblatt *Abschreckung und Anziehung – Niklas' Gefühle analysieren* (S. 18) konzentriert sich zunächst auf einen Textauszug, der das ambivalente Verhältnis Niklas' zu Karl verdeutlicht.
Das folgende Arbeitsblatt, *Gesichter der Gewalt – Karls Vorgehen untersuchen* (S. 19), ist als Einzelarbeit angelegt und eignet sich deshalb besonders für eine vorbereitende Hausaufgabe oder eine Beschäftigung im Rahmen von Vertretungsunterricht. Das Festhalten der einzelnen Gewaltakte gegen die Hauptfigur sichert zunächst noch einmal den Romaninhalt. Die Zuordnung dieser Handlungen zu unterschiedlichen Gewaltformen macht anschließend deutlich, auf wie vielen Ebenen sich der Druck gegen Niklas aufbaut und ihn (und seine Familie) zunehmend terrorisiert.

Das Arbeitsblatt *„Alles Lüge!" – Ein Standbild bauen* (S. 20) regt einen empathischen Zugang zu Niklas' Gefühlslage an. Es ist darauf zu achten, dass den Schüler/innen der Kontext der Szene bewusst ist, aus der heraus Niklas' Reaktion nachvollzogen werden soll. Die Schüler/innen erweitern hier handlungsorientiert und kooperierend ihre affektiven Kompetenzen.
Die Kopiervorlage *Was ist passiert? – Einen Anzeigentext verfassen* (S. 21) ermöglicht den Schüler/innen, über die formale Vorgabe einer Anzeige den Gesamtzusammenhang noch einmal nachzuvollziehen. Dabei wird deutlich, dass es kaum möglich ist, in der vorgegebenen Form die Komplexität der Ereignisse so zu erfassen, dass sie einem Polizisten, der die Angelegenheit zu bearbeiten hat, einsichtig wird. Dies schafft Transparenz für die Hilflosigkeit der Eltern und die Ratlosigkeit des Polizisten.

Thematische Aspekte

Da sich die Gewalt gegen Niklas überwiegend im schulischen Kontext entlädt, bildet das Thema „Mobbing in der Schule" den thematischen Schwerpunkt des Romans.
Das Arbeitsblatt *Frau Römer – Zum Verhalten der Lehrerin Stellung nehmen* (S. 22) beschäftigt sich mit dem Verhalten der Lehrerin, das eine zentrale Rolle bei der Konfliktentwicklung spielt. Die Schüler/innen werden sensibilisiert für die Frage, von welchem Zeitpunkt an sich das Verhalten der Lehrerin in eine falsche Richtung bewegt, und begründen ihr persönliches Urteil im Kontext der Handlung.
Das Arbeitsblatt *Was ist Mobbing? – Einen Lexikonartikel erstellen* (S. 23) fordert die Schüler/innen dazu auf, aus unterschiedlichen Quellen im Rahmen des vorgeschlagenen WebQuests Informationen zu entnehmen und adressatenbezogen aufzuarbeiten. Diese Aufgabe erweitert die Schreibkompetenz und vermittelt den Schüler/innen, dass Mobbing nicht nur im schulischen Umfeld, sondern überall dort als Problem auftreten kann, wo Menschen zusammenleben und/oder -arbeiten.
Indirekt macht dieses wie auch das folgende Arbeitsblatt *Mobbing unter Jugendlichen – Diagramme auswerten* (S. 24) deutlich, dass ein inflationärer und oberflächlicher Gebrauch des Begriffs wenig hilfreich erscheint, um diesem ernsten Problem entschieden widerständige Verhaltensweisen entgegenzusetzen. Die Auswertung der Diagramme ergänzt im Hinblick auf Analysekompetenzen den zuvor eher textorientierten WebQuest.
Die Möglichkeit, Mobbing durch einen Schulwechsel des Opfers zu beenden, ist in der Fachdiskussion umstritten. Skeptiker weisen darauf hin, dass damit die Strukturen, die Mobbing ermöglichten, nicht aufgelöst sind. Nachdem die Schüler/innen durch

entgegentreten. Nach der Lektüre des Romans zeigt sich, dass der Titel dies gerade ironisch in Frage stellt, da angesichts der Geschehnisse die Rechtsstaatlichkeit zumindest gefühlt untergraben wird.

Was geschieht wann? – Sich im Roman zurechtfinden

▶ S. 8

2 Die folgende Übersicht stellt in Stichworten inhaltliche Aspekte zusammen und verweist in der rechten Spalte auf Auffälligkeiten auch auf der Ebene des Erzählverfahrens. Die Schüler/innen werden hier eher auf inhaltliche Schwerpunkte eingehen. Sie sind kaum zu prognostizieren, geben aber Auskunft über die Leseschwerpunkte, die sie setzen. Ästhetische Aspekte werden sie hingegen kaum in Betracht ziehen. Die hier aufgeführten erzählerischen Aspekte sollen deshalb dazu anregen, sich den Fragen nach dem Erzählverfahren zuzuwenden, und den Zugang zu möglichen Teilaspekten erleichtern. Die grau unterlegten Zeilen der Übersicht markieren die Erzählebene, die weiter in die Vergangenheit zurückgreift.

Kapitel/ Seiten	Handlung	Auffälliges, Besonderheiten
1 S. 5	Niklas schwört Rache.	innerer Monolog
2 S. 6–12	Auffinden des leeren Kaninchenstalls Suche der Familienmitglieder nach dem Kaninchen; Vater Thomas kündigt an, zur Polizei gehen zu wollen. Abendbrot: Schwester Svenja entdeckt Eindringlinge im Garten. Thomas „stellt“ einen der Jungen, wird aber schnell konziliant, nur Svenja bleibt misstrauisch. Thomas entdeckt den offenen Käfig.	Einführung der Familienfiguren Figurencharakterisierung szenisches Erzählen Aufbrechen der Erzählchronologie Svenja ist misstrauischer als ihre Eltern
3 S. 13–23	Rückblende: Wann hat es angefangen? der „Neue“ (Karl) im Bus weitere Rückblende: Vorstellung Karls in der Klasse; erzwungene Partnerarbeit mit Karl durch die Lehrerin Vorblende: Niklas räumt sein Zimmer auf, weil er Karl zum gemeinsamen Arbeiten erwartet. Karl scheint klug zu sein; fordert Niklas auf, CDs seiner Schwester zu holen. Abendbrot: Mutter Karin äußert Befremden über Karl. Eine von Svenjas CDs ist verschwunden; Niklas glaubt nicht, sie zu finden.	Figurencharakterisierung
4 S. 24–28	Niklas ist es egal, ob Thomas Anzeige erstatten will. Telefonat mit dem Vater von Jannis verläuft sehr ungeschickt und erfolglos. Jannis steht am nächsten Morgen (Sonntag) vor der Tür und bestreitet, dass er in die Vorfälle verwickelt ist. mehrmaliges Läuten des Telefons, stets meldet sich niemand	
5 S. 29–36	In der Schule: Niklas denkt über die verschwundene CD nach, tut sich schwer damit, Karl zu verdächtigen, sucht selbst Gegengründe dafür. Karl besucht Niklas, geht ohne Erlaubnis an den PC des Vaters, nimmt das Laufwerk mit. Niklas kann nicht schlafen, hat seinem Vater offenbar nichts gesagt, keine Mathehausaufgaben gemacht. Niklas sagt beim Abendbrot immer noch nichts vom PC-Laufwerk, braucht es aber dringend zurück, denn Thomas muss	erlebte Rede Figurenverhalten Figurenkonstellation

	arbeiten; Niklas hat seiner Schwester die verschwundene CD bezahlt. Niklas bittet am nächsten Tag in der Pause Karl erneut um das Laufwerk; der macht ihn aber vor Rocky lächerlich („Kerlchen").	
6 S. 37 f.	Svenja bleibt skeptisch gegenüber Jannis und geht dessen Behauptung nach. Dabei stellt sich heraus, dass er gelogen hat; Thomas ist vollkommen konsterniert, denn er sucht immer wieder Erklärungen.	Figurenverhalten Svenja, Thomas
7 S. 39–43	Niklas wartet vergeblich darauf, dass Karl das Laufwerk zurückbringt. Er geht zu Karl, kann dort ins Internet, wird scheinbar zu einer Pizza eingeladen, dann aber von Karl mit CS-Gas attackiert; spielt zu Hause die Sache herunter. Vorblende: Niklas denkt darüber nach, dass er nach diesem Vorfall den Eltern hätte etwas sagen müssen.	Figurencharakterisierung Karl erlebte Rede innerer Monolog Erzählerkommentar
8 S. 44 f.	Niklas holt eine Kassette mit einem Telefonmitschnitt heraus, auf dem Drohungen zu hören sind. Während des Essens läutet die ganze Zeit das Telefon.	
9 S. 46–49	Niklas spricht Karl im Bus noch einmal auf das Laufwerk an; der stellt sich provokant dumm. Frau Römer fordert Niklas zur weiteren Zusammenarbeit mit Karl auf, nachdem er ein gutes Geschichtsreferat abgeliefert hat; Niklas will nicht, setzt sich aber nicht durch. Gespräch mit der Lehrerin, die glaubt, dass Karl Hilfe brauche; Niklas will nicht petzen. Niklas freut sich, nicht mit Karl im Bus fahren zu müssen; der hat mittlerweile bei ihm zu Hause angerufen, will „die Sache" mit ihm klären.	Erzählverfahren: Darstellung von Gefühlen
10 S. 50–53	Thomas mit Niklas bei der Polizei, will Anzeige erstatten. Der Polizist bleibt reserviert und nüchtern, macht ihnen keine große Hoffnung auf Erfolg. Nachdem sie das Revier verlassen haben, fühlt Thomas sich nicht ernst genommen.	Figurencharakterisierung Polizist Thomas' Haltung: „Aber man muss sich doch schützen können." (S. 52)
11 S. 54–60	Niklas' Zuversicht auf dem Weg zu Karl wird durch den Anschlag auf das Fahrrad jäh zerstört; Karl bedroht ihn sogar mit dem Messer. Niklas flieht und kann Karl abschütteln; auf dem Heimweg fängt er an, heftig zu weinen. Als Karin ihn verarztet, äußert er zum ersten Mal massive Gewaltfantasien gegenüber Karl, die Karin nicht hören will (keine „Selbstjustiz", S. 58). Nach dem Anruf bei den Eltern glaubt Karin ihrem Sohn nicht mehr; es sei ein Zusammenstoß, den darüber hinaus Niklas auch noch verschuldet habe; kritisiert seine „blödsinnigen Schauergeschichten" (S. 59); weil sie nach Motiven für Karls Handeln sucht, die sie nicht finden kann, bezichtigt sie Niklas der Lügerei.	erlebte Rede Spannungsaufbau (Kontrast) Figurencharakterisierung Karin Titelbezug (Chicago)
12 S. 61 f.	Thomas hört noch einmal den Telefonmitschnitt, Svenja bleibt ernüchtert, Thomas macht, während das Telefon wieder klingelt, deutlich, er wolle nur seine Ruhe.	

13 S. 63–70	Niklas nimmt am nächsten Morgen einen früheren Bus. Niklas hat die Geschichtshausaufgaben nicht gemacht. Gespräch mit der Lehrerin, die wieder nach Ursachen für Karls Verhalten sucht. Niklas erzählt von dem Überfall, findet in der Lehrerin aber keine Hilfe. Niklas findet sein Quix nicht, weiß sofort, wo es ist, verbirgt gegenüber Karin aber seinen Verdacht. Niklas äußert im Konfirmandenunterricht seinen Verdacht gegenüber Rocky. Der glaubt ihm. Rocky zeigt Niklas seine Waffensammlung. Als Niklas am Abendbrottisch sagt, er glaube, Karl habe das Quix, glaubt Thomas ihm nicht und wird wütend. Niklas lässt das Quix sperren.	Gespräch Gesprächsvergleich (Kap. 9) erlebte Rede Figurencharakterisierung Rocky Figurencharakterisierung der Familie
14 S. 71 f.	Thomas geht mit Niklas wieder zur Polizei, sie legen dort ihre schriftliche Anzeige vor. Thomas will wissen, wie es weitergeht. Der Polizist ist immer noch reserviert.	Figurencharakterisierung Polizist
15 S. 73–82	Bisher ist das Verschwinden des Laufwerks nicht bemerkt worden; Niklas fährt nun zu anderen Zeiten zur Schule. Thomas entdeckt das Fehlen des CD-ROM-Laufwerks, fordert Niklas auf, bei Karl anzurufen. Karl streitet am Telefon den Besitz des Laufwerks ab. Thomas ruft erbost zurück, wird gegenüber der Mutter sehr deutlich. Niklas hat das Gefühl, sein Vater sei jetzt auf seiner Seite. Beim Rückruf behauptet Karls Mutter, Karl habe das Laufwerk von Niklas gekauft; Niklas ist außer sich; Thomas will mit ihm zu Karl, das Laufwerk holen. „Wer lügt, der stiehlt auch." (S. 79) Im Gespräch im Auto wird deutlich, dass Thomas Niklas nicht glaubt. Karl fordert von Thomas 100 Mark, die er Niklas angeblich für das Laufwerk gegeben hat, sagt, das Laufwerk sei kaputt. Thomas bezahlt, will das Geld sowie das für ein neues Laufwerk von Niklas zurück. Selbst auf Niklas wirkt Karls Wutausbruch überzeugend.	Verhalten Thomas'
16 S. 83–85	Anruf eines Mannes, der behauptet, er habe das Kaninchen rausgelassen; spricht klare Drohungen aus; Thomas bleibt ruhig, stellt gezielte Fragen.	Verhalten Thomas'
17 S. 86–90	Anruf der Quixzentrale: Jemand habe das Quix entsperren wollen. Thomas glaubt nun Niklas, kann die Verhaltensweise von Karl aber nicht begreifen. Anruf und Gespräch mit Karls Vater Die Eltern sehen Kontaktaufnahme zur Schule als sinnlos an, weil da nichts passiert; die Eltern suchen nach Karls Motiven.	Erzähltechnik: direkte, indirekte Rede
18 S. 91 f.	Thomas kommt ziemlich ernüchtert von der Polizei, erzählt von anderen Vorfällen. Bei der Überlegung, wie die Familie das Problem selbst lösen könnte, steht fest: keine Selbstjustiz.	
19 S. 93–99	Rockys Anruf: Er habe das Quix gefunden. Niklas glaubt ihm und ist nicht misstrauisch. Niklas trifft Karl und Rocky am Feuerwehrteich. Karl versucht ihn vergeblich zu erpressen und wird immer aggressiver, zerstört auch das Quix. Rocky kann Karl davon abhalten, körperliche Gewalt anzuwenden. Niklas ist danach sicher, dass Karl seine Strafe bekommt.	

20 S. 100–102	Der Polizist ruft an und empfiehlt, die Anzeige zurückzuziehen; die Jungen würden alle die gleiche Geschichte erzählen.	
21 S. 103–107	Während Karin Niklas verarztet, Gespräch über den Vorfall; Thomas verstehe nichts. Niklas will, dass er die Polizei einschaltet, doch der Vater weigert sich, ruft Karls Eltern an. Die behaupten, das zertretene Quix sei eine Walnuss gewesen, der Vater deckt Karl. Thomas glaubt Niklas, kann aber Rockys Verhalten nicht verstehen. Dass Karl den mit seinem Wissen um Rockys Pistolen in der Hand habe, lehnen die Eltern als Begründung ab. „Sie leben in einer anderen Welt." (S. 107)	Verhalten der Figuren
22 S. 108–112	Karin und Thomas zeigen sich bereit, die Anzeige zurückzuziehen, glauben, dass es den Jungen eine Warnung gewesen sei. Svenja kommt und erzählt von dem zufällig belauschten Gespräch zwischen Karl und Rocky. Sie bestärkt die Eltern darin, die Anzeige nicht zurückzuziehen. Svenja empört sich über das Verhalten des Polizisten, der schildert die Vorfälle aus jüngster Zeit, zeigt, dass ihm die Hände gebunden sind.	Rolle des Polizisten
23 S. 113–119	Frau Römer will Niklas neben Karl setzen, der weigert sich. Karl greift Niklas tätlich an. Der Telefonterror beginnt.	Verhalten der Lehrerin
24 S. 120–122	Thomas zieht die Anzeige nicht zurück. Telefonat mit der Lehrerin, die vollkommen uneinsichtig ist, verweist auf Niklas' schlechte Leistungen, empfiehlt die Realschule	Rolle der Lehrerin
25 S. 123–125	wieder Telefonanrufe Karls Karin beschwert sich erneut bei dem Vater, der abblockt. Niklas zeichnet einen Anruf auf.	
26 S. 126	variierte Wiederaufnahme vom Beginn des Kapitels 2	Variationsvergleich
27 S. 127	Schreiben vom Gericht Wiederholung des inneren Monologs aus Kapitel 1	

Detailwissen gefragt – Ein Kreuzworträtsel lösen

▶ S. 9

1 *waagerecht:*
2 Selbstjustiz, **5** CD-ROM, **6** Referat, **7** Abendbrot, **9** Polizei, **12** Feuerwehrteich, **14** Geschichte
senkrecht:
1 Rex, **3** Telefon, **4** Gott, **5** Chicago, **7** Anzeige, **8** Fahrrad, **10** Roemer, **11** Rocky, **13** Walnuss

Was weißt du über ...? – Figuren beschreiben

▶ S. 10

2 *Folgende Aspekte sollten bei den Figuren aufgeführt werden:*

Niklas: 13 Jahre alt, Schüler der 7. Klasse eines Gymnasiums, Sohn von Thomas und Karin, Bruder von Svenja, kein guter Schüler, besitzt ein Kaninchen, gerät unter stetig wachsenden Druck durch Karl, ist hilflos gegenüber Karl, tut sich schwer, seine Interessen und Sorgen auszusprechen

Thomas: Vater von Niklas und Svenja, glaubt seinem Sohn lange Zeit nicht, geht schließlich doch zur Polizei, hält daran fest, dass es angemessene Wege geben muss, um Karls Treiben Einhalt zu gebieten

Karin:	Mutter von Niklas und Svenja, glaubt wie ihr Mann Niklas lange Zeit nicht, geht davon aus, mit Hilfe der Eltern Karls dem Problem Einhalt gebieten zu können, verhält sich auch noch zögerlich, als Thomas zur Polizei geht
Svenja:	Niklas' ältere Schwester, ist von allen Familienmitgliedern am misstrauischsten gegenüber Karl, gerät mit Niklas in Streit wegen der CD, ist die Erste aus der Familie, die Niklas glaubt, fordert von den Eltern ein hartes Vorgehen gegen Karl
Karl:	seiner Familie scheint es finanziell nicht schlecht zu gehen, scheint seine Mutter zu hassen, raucht, lügt und ist gewalttätig, weiß, wie man seinen Mitmenschen Angst machen kann, wird von seinen Eltern in Schutz genommen
Rocky:	Klassenkamerad von Niklas und Karl, raucht, sammelt Waffen, scheint sich mit Niklas anfreunden zu wollen, ist aber ein Mitläufer Karls, der ihn wegen der Waffensammlung in der Hand zu haben scheint
Frau Römer:	Lehrerin für Geschichte, stellt zunächst aus gut gemeinter Absicht den Kontakt zwischen Niklas und Karl her, hat blindes Vertrauen zum Verhalten Karls, wird zunehmend blind für Niklas' Probleme, kommt zu einer schwerwiegenden Fehleinschätzung
Polizist:	zeigt Verständnis für die Nöte der Familie, schätzt den Spielraum für eigenes Handeln aber als gering ein

Niklas und die anderen – Beziehungen untersuchen ▶ S. 11

1 *Mögliche Lösung:*

Niklas – Svenja:	roter Doppelpfeil: Geschwister, ab und zu kleiner Streit, sonst gutes Verhältnis
Niklas – Thomas:	roter Doppelpfeil: verwandtschaftliche Zuneigung, aber teilweise fehlendes Vertrauen
Niklas – Karin:	roter Doppelpfeil, verwandtschaftliche Zuneigung, aber teilweise fehlendes Vertrauen
Niklas – Karl:	gelber Pfeil: Angst, Ablehnung, Hass
Karl – Niklas:	gelber Pfeil: Unterdrückung, Hass
Niklas – Rocky:	roter/gelber Pfeil: sucht zuerst Rockys Freundschaft, dann Enttäuschung und Ablehnung
Frau Römer – Niklas:	roter/gelber Pfeil: Unverständnis
Niklas – Frau Römer:	roter/gelber Pfeil: grundsätzlich Zuneigung, dann aber Enttäuschung

Niklas, ein „typisches" Opfer? – Verhaltensweisen betrachten ▶ S. 12

2

Niklas' Verhalten	Seite/Zeile	Schlussfolgerungen
Niklas bietet Karl im Bus einen Platz neben sich an.	S. 13, Z. 11 f.	Niklas ist freundlich und sozial aufgeschlossen.
Niklas beobachtet irritiert Karls Verhalten gegenüber der alten Frau.	S. 14, Z. 24 ff.	Niklas spürt Verunsicherung im Verhalten gegenüber Karl.
Niklas entspannt sich erst, als Karl den Bus verlässt.	S. 15, Z. 17–19	Niklas hat Angst vor Karl.
Beim Erscheinen in der Klasse macht Karl Niklas Angst.	S. 17, Z. 9–11	Niklas fühlt Distanz gegenüber Karl.
Niklas hat ein mulmiges Gefühl, bevor Karl ihn besuchen kommt.	S. 19. Z. 13 ff.	Niklas ist unsicher in Bezug auf Karl.
Niklas lässt sich sagen, was er bei den Hausaufgaben zu tun hat.	S. 20, Z. 11 ff.	Niklas bewundert Karl.
Niklas glaubt zu schrumpfen, als Karl ihn auf das Lego-Spielzeug anspricht.	S. 21, Z. 1	Niklas empfindet Minderwertigkeitsgefühle gegenüber Karl.

Niklas tut, was Karl sagt, und holt die CD aus Svenjas Zimmer.	S. 20 f.	Niklas fühlt sich Karl gegenüber unterlegen.
Niklas ahnt, dass Karl die CD gestohlen hat.	S. 22, Z. 21 ff.	Niklas' mulmiges Gefühl bestätigt sich.

4 Niklas zeigt zunächst weithin keine der in dem Textauszug genannten Verhaltensweisen. Er erweist sich jedoch als eher nachdenkliches, introvertiertes Kind (vgl. z. B. S. 82). Was ihn möglicherweise zum Opfer bestimmt, sind die Unsicherheit und Angst gegenüber Karl, die sich bereits aus den Textbelegen in Aufgabe 2 ableiten lassen.

Der Neue – Charaktere vergleichen

▶ S. 13

1 Aus der Analyse von Karls Verhalten ergibt sich, dass er das Bedürfnis zu haben scheint, nach außen gelassen und „cool" zu wirken. Zugleich aber demonstriert er auch rücksichtslose Arroganz, die sich sowohl in seinen Äußerungen über die neue Schule wie auch in seinem Verhalten gegenüber der alten Dame ausdrückt. Die zur Schau gestellte Gelassenheit und Arroganz kann über die Stellprobe (Aufgabe 2) nachvollzogen werden. Die weißen Fingerknöchel weisen in diesem Zusammenhang jedoch darauf hin, wie sehr Karl sich anspannen und welche Kraft er aufwenden muss, um die feste Haltung und damit den äußeren Anschein bewahren zu können (Aufgabe 3).

4 *Karls Charakter:* rücksichtslos, überheblich, auf Äußerlichkeiten bedacht, respektlos
Niklas' Charakter: zurückhaltend, freundlich, ängstlich, unsicher

Die Eltern – Aussagen zuordnen und im Kontext deuten

▶ S. 14 f.

1 Aussagen von Thomas: S. 26, 52, 50, 69, 62, 37, 11, 79
Aussagen von Karin: S. 92, 60, 21, 8, 57, 110, 7, 24

5 *Mögliche Lösung:*

S. 7: Unmittelbar nach dem Verschwinden des Kaninchens bringt Karin Niklas eine Jacke, um zu vermeiden, dass er sich beim Suchen verkühlt.
S. 8: Nach dem erfolglosen Suchen will Karin Niklas trösten.
S. 11: Thomas verharmlost das plötzliche Auftreten von Jannis an der Garage und hat Verständnis für dessen Verhalten.
S. 21: Karin artikuliert ein unbestimmtes Unbehagen, nachdem Karl zum ersten Mal bei Niklas war.
S. 24: Als Thomas ankündigt, dass er nun doch Anzeige erstatten will, schlägt Karin vor, noch einmal den Weg der Verständigung mit Karls Eltern zu suchen.
S. 26: Thomas folgt Karins Vorschlag und telefoniert mit dem Vater. Seine Bemerkung ist jedoch weniger drohend als vielmehr beschwichtigend.
S. 37: Thomas ist fest davon überzeugt, dass Jannis die Wahrheit gesagt hat, und hindert seine Tochter Svenja daran, dessen Aussage zu überprüfen.
S. 50: Thomas artikuliert gegenüber dem Polizisten sein Anliegen: Der Terror gegen seinen Sohn und die Familie soll aufhören.
S. 52: Nach dem Besuch auf der Wache äußert Thomas gegenüber Niklas seinen Anspruch auf Schutz durch die Polizei.
S. 57: Nach dem von Karl provozierten schlimmen Sturz mit dem Fahrrad verarztet Karin Niklas und wird mit dessen Wutausbruch konfrontiert. Dabei weist sie ihn harsch in die Schranken.
S. 60: Nach dem Anruf bei Karls Eltern, die sie mit einer ganz anderen Version des Hergangs konfrontieren, bezichtigt Karin ihren Sohn der Lüge.
S. 62: Thomas bekommt einen hilflosen Wutausbruch, nachdem erneut das Telefon läutet.
S. 69: Als Niklas beim Abendbrot seinen Eltern beichtet, dass er sein Quix nicht mehr findet und Karl im Verdacht hat, es entwendet zu haben, glaubt Thomas, sein Sohn lüge, und fordert ihn auf, ehrlich zu sein.
S. 79: Nach Karls Lügengeschichte nimmt Thomas an, dass Niklas sein CD-ROM-Laufwerk entwendet

habe, um es an Karl zu verkaufen. Seinem Sohn macht er mit der scharfen Bemerkung deutlich, dass er ihm überhaupt nicht mehr vertraue.

S. 92: Karin zweifelt an dem Sinn, eine telefonische Fangschaltung einzurichten, und verweist deshalb auf die Kosten.

S. 110: Svenja hat zufällig ein Gespräch zwischen Karl und Rocky gehört, in dem diese sich mit ihrem Terror gegen Niklas brüsten. Als sie nun ihre Eltern auffordert, die Anzeige nicht zurückzuziehen, gibt Karin nach und meint, man könne es ja versuchen.

7 Aus den Einzelergebnissen wird deutlich, dass Niklas' Eltern mit der Situation, mit der Niklas und schließlich die gesamte Familie konfrontiert werden, überfordert sind. Das Verhalten Karls ist ihnen nicht erklärlich und passt nicht in ihre moralische Denkweise und ihr Wertesystem. Das führt dazu, dass sie zunächst Misstrauen gegenüber dem eigenen Sohn entwickeln, weil ihnen dafür Erklärungsmuster zur Verfügung stehen. Erst spät beginnen sie sich zu wehren, bleiben aber letztlich in ihrer Hilflosigkeit gefangen.

Svenja denkt nach – Eine Schreibkonferenz durchführen ▶ S. 16 f.

1 Svenja zeigt sich solidarisch mit ihrem Bruder und lässt sich durch dessen Fehlverhalten (unerlaubte Wegnahme der CD) nicht grundsätzlich verprellen, ist also nicht nachtragend. Sie steht von Beginn an der Annahme skeptisch gegenüber, dass Niklas selbst verantwortlich für das sei, was ihm widerfährt. Sie zeigt Kritikfähigkeit gegenüber ihren Eltern und kommt zu einer realistischen Einschätzung. Deshalb ist sie auch die Figur, die ihre Eltern antreibt, etwas gegen den Terror zu unternehmen.

Abschreckung und Anziehung – Niklas' Gefühle analysieren ▶ S. 18

3

vor dem Besuch bei Karl	während des Besuchs		nach dem Besuch
	nach der Ankunft	nach dem Gasangriff	
□ Angst davor, dass Thomas nach Hause kommt, bevor er mit dem CD-ROM-Laufwerk zurück sein wird □ Hoffnung, dass er Karl missverstanden hat	□ Unsicherheit gegenüber Karl □ Bewunderung (Zimmer aufgeräumt) □ Freude, Karls Freund zu sein, als er ins Internet darf	□ Erschrecken, als er nichts mehr sieht □ Schmerzen wegen der brennenden Augen	□ Wut gegenüber Karl □ Scham vor seiner Mutter, der er nichts erzählt

4 *Mögliche Lösung:*

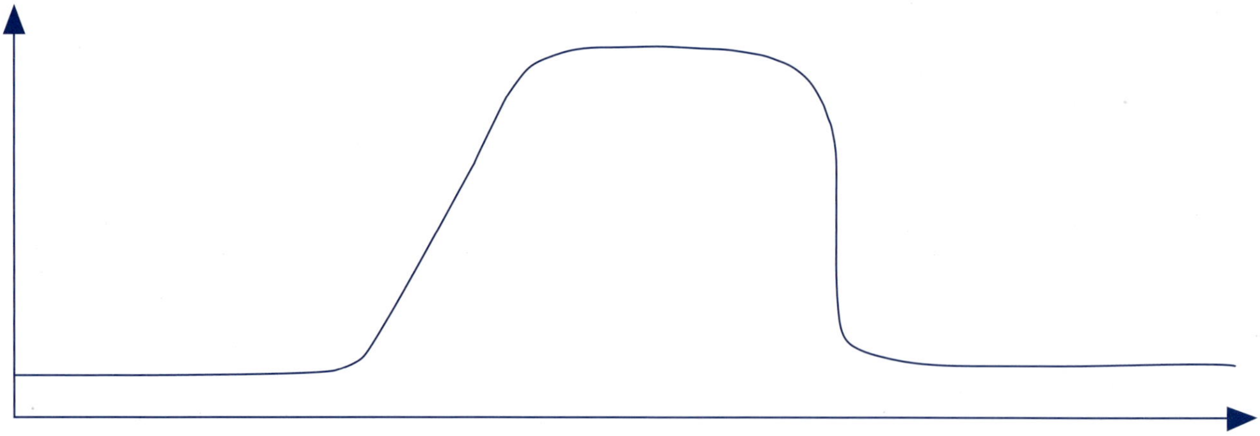

5 Fassungslosigkeit und Scham sind Niklas' vorherrschende Gefühle. Er zeigt sich so in seinem Gefühl gefangen, dass er nicht in der Lage ist, darüber zu reden. Stattdessen flüchtet er sich zu seinem Kaninchen.

Gesichter der Gewalt – Karls Vorgehen untersuchen ▶ S. 19

1 gestohlene CD → seelische Gewalt, nonverbal durch Gewalt gegen Sachen
gestohlenes CD-ROM-Laufwerk → seelische Gewalt, nonverbal durch Gewalt gegen Sachen
Angriff mit Tränengas → körperliche Gewalt
Fahrradunfall → körperliche Gewalt
Messerangriff → körperliche Gewalt
Zerstörung der Geschichtsmappe → seelische Gewalt, nonverbal durch Gewalt gegen Sachen
Diebstahl des Quix → seelische Gewalt, nonverbal durch Gewalt gegen Sachen
Fälschung der Unterschrift zur Freischaltung des Quix → seelische Gewalt, nonverbal durch Verhalten
Erpressung → seelische Gewalt, verbal
Zerstörung des Quix → seelische Gewalt, nonverbal durch Gewalt gegen Sachen
Prügel → körperliche Gewalt
Beschimpfungen und Beleidigungen → seelische Gewalt, verbal
Telefonterror → seelische Gewalt, verbal
Verschwinden des Kaninchens → seelische Gewalt, nonverbal durch Gewalt gegen Sachen

3 Aus dem Text muss hervorgehen, dass Niklas und seine Familie allen im Schaubild genannten Formen der Gewalt durch Karl ausgesetzt sind.

„Alles Lüge!" – Ein Standbild bauen ▶ S. 20

1 Dem Gespräch ist Niklas' schlimmer Sturz mit dem Fahrrad vorausgegangen, den Karl verursacht hatte. Als Karin Niklas verarztet, versucht sie zunächst dessen Wutausbruch zu dämpfen und zu beschwichtigen. Als sie aber beim Telefonat mit Karls Mutter mit einer anderen Version des Fahrradunfalls konfrontiert wird, glaubt sie, Niklas sei daran schuld, und macht ihm Vorwürfe.
Z. 1–3: Karin ist enttäuscht von Niklas.
Z. 4–7: Karin schämt sich wegen des vermeintlich zu Unrecht ausgesprochenen Vorwurfs.
Z. 8: Niklas wird wütend.
Z. 9–13, 15–19: Karin reagiert ebenfalls erbost.
Z. 14: Niklas' Zorn steigert sich.
Z. 20: Niklas ist empört und fassungslos.
Z. 21–25: Karin zeigt harsch, dass sie Niklas nicht glaubt.

Was ist passiert? – Einen Anzeigentext verfassen ▶ S. 21

1 *1. Was ist passiert?*
Zunächst wurde der Kaninchenstall meines Sohnes Niklas mit Gewalt aufgebrochen. Das Tier befand sich nicht mehr im Stall. In der Folgezeit wurde mein Sohn mehrfach bedroht, mit Reizgas angegriffen und verprügelt; Gegenstände wurden ihm entwendet. Seither werden wir täglich durch eine Unzahl von Telefonanrufen terrorisiert.
2. Wie ist es passiert?
Der Kaninchenstall wurde aufgebrochen. Meinem Sohn wurde ein Gegenstand in die Speichen seines Fahrrads geworfen, sodass er stürzte. Sein Quix wurde mutwillig zerstört, nachdem zuvor vergeblich versucht wurde, eine Sperre des Geräts, die wir nach dem Verlust in die Wege geleitet hatten, rückgängig zu machen.
3. Wo ist es passiert?
Es gibt unterschiedliche Tatorte. Der Kaninchenstall steht bei uns zu Hause. Der Reizgas-Angriff erfolgte im Haus des Täters, die Prügel und die Zerstörung des Quix am Feuerwehrteich.
4. Wann ist es passiert?
Die einzelnen Taten erfolgten zu unterschiedlichen Zeiten.
5. Wer hat die Tat begangen?
Der Drahtzieher aller Aggressionen gegen meinen Sohn ist sein Mitschüler Karl X. Darüber hinaus gibt es Mitläufer, z. B. Rocky Y., ebenfalls ein Schüler.
6. Wer hat etwas beobachtet?
Zeugen gibt es für die einzelnen Übergriffe keine. Den Telefonterror erlebt die Familie jedoch täglich. Dass

es Spannung zwischen meinem Sohn und Karl gibt, kann von der Lehrerin Frau Römer bestätigt werden. Meine Tochter Svenja hat ein Gespräch zwischen Karl und Rocky mitgehört, in dem sie sich selbst mit den hier angezeigten Taten brüsten.

Frau Römer – Zum Verhalten der Lehrerin Stellung nehmen ▶ S. 22

2 Hier sind verschiedene Lösungsvorschläge möglich. Es kann darauf verwiesen werden, dass schon die gleich am Anfang von Frau Römer initiierte Partnerarbeit gegen den Willen von Niklas den Weg für die Fehlentwicklung vorgegeben habe. Es kann aber auch auf das Gespräch verwiesen werden, als die Lehrerin Niklas um Verständnis, ja sogar um Mithilfe bittet, ohne zu bemerken, wie sehr sie den Jungen damit überfordert. Schließlich kann auch angeführt werden, dass die eigentliche Fehlleistung Frau Römers darin besteht, die nachlassenden schulischen Leistungen Niklas', die ihn in die Gefährdungszone rutschen lassen, nicht angemessen zu untersuchen und zugleich Karls Verhalten falsch einzuschätzen.

Was ist Mobbing? – Einen Lexikonartikel erstellen ▶ S. 23

1 *Mögliche Lösung:*
Der Begriff „Mobbing" leitet sich von dem englischen Verb „to mob" (im Sinne von „jemanden schikanieren") her.
Mobbing tritt offensichtlich überall dort auf, wo Menschen miteinander sozial interagieren (Arbeitswelt, Schule), und weist vielfältige Formen auf.
Ein Merkmal von Mobbing ist die systematische und über einen längeren Zeitraum anhaltende Drangsalierung einer Person durch andere. Mobbing zielt darauf, die Persönlichkeit eines Menschen zu demontieren, und hat deshalb auch weitreichende Folgen für die betroffene Person: z. B. Angst, sozialer Rückzug, Schlaflosigkeit.
Dabei ist Mobbing immer auch ein gruppendynamischer Prozess und beschränkt sich nicht auf einen Konflikt zwischen zwei Menschen. Von diesem sollte Mobbing ausdrücklich unterschieden und nicht mit einem Streit zwischen zwei Personen verwechselt werden.
Da Mobbing ein sozialpsychologisches Phänomen ist, kann dem auch nur erfolgreich begegnet werden, wenn man die zu Grunde liegenden Mechanismen angreift und die Handlungsweise der Täter in den Griff bekommt. Das schließt eine psychologische Unterstützung des Opfers nicht aus, löst allein aber nicht das Problem.
Als Alternativbegriff begegnet man vor allem für Mobbing-Vorgänge im schulischen Bereich dem Begriff „Bullying".

Mobbing unter Jugendlichen – Diagramme auswerten ▶ S. 24

2 Das Balkendiagramm 1 sagt aus, dass Mobbing kaum in entlegenen Arealen von Schulen, sondern mit Abstand am häufigsten dort auftritt, wo eine Öffentlichkeit dafür besteht: im Klassenraum und auf dem Schulhof. Da es vergleichsweise selten während des Unterrichts geschieht (Balkendiagramm 2), entzieht sich Mobbing leicht der Aufsicht durch das Lehrpersonal.
Das Säulendiagramm 3 macht deutlich, dass Mobbing kein schulformspezifisches Phänomen ist. Nur das Gymnasium fällt im Hinblick auf die Häufigkeit des Auftretens nach unten etwas heraus. Das Kurvendiagramm 4 beschäftigt sich mit der spezifischen Form des Cyber-Mobbings und dokumentiert hierfür einen markanten Anstieg in den Jahrgangsstufen 5–8. Dies hat wahrscheinlich mit der erst in diesen Altersgruppen beginnenden Internetsozialisation der Schüler/innen zu tun.

Zeit und Handlung – Die Erzählstruktur erfassen ▶ S. 27

1 Auf der einen Handlungsebene (ab S. 13) wird erzählt, wie sich die Beziehung zwischen Niklas und Karl entwickelt und wie der Terror und die Gewalt eskalieren. Es wird vor allem beschrieben, welche Folgen dies für Niklas und seine Gefühle hat.
Auf der zweiten Handlungsebene (ab S. 6) wird erzählt, wie die Eltern auf die Ereignisse reagieren, welche juristischen Wege sie einschlagen und welche Rolle die Polizei spielt.

2 Die Erzählstränge des Romans setzen zu zwei unterschiedlichen Zeitpunkten ein. Jeder für sich wird linear erzählt, aber in alternierender Abfolge. Der erste Handlungsstrang endet mit dem Ereignis/dem Zeitpunkt (S. 126), mit dem der zweite Strang beginnt (S. 6).

3 Durch die Vorwegnahme des Ereignisses, mit dem der andere Erzählstrang endet (das Verschwinden des Kaninchens als Höhepunkt des Terrors) wird die Spannung im Roman weniger auf die Frage gelenkt, wer als Täter in Frage kommt bzw. wo die Gewaltspirale endet, sondern es werden die Gefühle Niklas' und das Verhalten der Familie in den Vordergrund gerückt, das zu verfolgen eine ganz eigene Spannung erzeugt.

4 Es kommt nicht darauf ein, eine „richtige" bildliche Darstellung des Erzählaufbaus zu entwickeln. Vielmehr sollen die Schüler/innen in der Auseinandersetzung mit den Darstellungen ihr eigenes Verständnis ausschärfen und verbalisieren.
Der Vorschlag zu Bild 1 macht vor allem deutlich, dass der Endpunkt der Erzählung mit dem Beginn zusammenfällt und dass die Handlung damit keiner Lösung zugeführt wurde. In Bild 2 wird in der Spirale eher die eskalierende Entwicklung deutlich, die im zweiten Erzählstrang auch zu einer Verhaltensmodifikation der Eltern führt. Der Vorschlag in Bild 3 ähnelt dem vorherigen, nimmt aber den Aspekt der Verzahnung weniger in den Blick. Bild 4 wiederum verdeutlicht, dass der Gewaltkonflikt, in dem sich Niklas befindet, weiter ausgreift und darüber hinaus Raum einnimmt.

Mit Worten verletzen – Die Sprache untersuchen ▶ S. 28

3 *Rhetorische Fragen:* „Hast du also doch gepetzt?" (Z. 1 f.), „Hörst du das, Schmutz?" (Z. 5), „[...] weißt du überhaupt, was das ist?" (Z. 6), „Hast du gehört, Ratte [...]." (Z. 8), „Soll ich dein Kaninchen hinmachen, Scheißer?" (Z. 11 f.)
Metaphern: „Ratte" (Z. 4), „Klumpen Kotze" (Z. 6), „Fäkalienberg" (Z. 6), „Schmutz" (Z. 6)
Vergleich: „Auswurf wie dich" (Z. 4)
Hyperbel: „Fäkalienberg" (Z. 6)
Steigerung: „[...] du bist ein Klumpen Kotze, ein Fäkalienberg, Schmutz [...]" (Z. 5 f.)
Sich als „Gott" zu bezeichnen, offenbart die eigene, schier maßlose und manische Dimensionen annehmende Selbstüberschätzung Karls. Er stellt sich als Herr über Leben und Tod dar und leitet daraus explizit Tötungsdrohungen gegen Niklas ab („Du musst verschwinden vom Angesicht der Erde [...]", Z. 6 f.).

4 Karls Telefonäußerungen machen deutlich, wie weit die Konfliktentwicklung mittlerweile fortgeschritten ist und zu eskalieren droht. Denn der Leser weiß bereits, dass Karl die Drohung, dem Kaninchen etwas anzutun, umgesetzt hat.

Keine Lösung in Sicht – Zum Romanschluss Stellung nehmen ▶ S. 29

1 *Erzählperspektive:* personal
Erzählform: Ich-Erzähler
Zeitform: Präsens
Auffälligkeiten in der Ausdrucksweise: kurze Aussagen (Parataxen), Betonung des mündlichen Ausdrucks durch Wegfall der Endungen bei den Verbformen, abgebrochene Sätze
Auffälligkeiten im Gedankengang: Sprunghaftigkeit, Wiederholung

2 *Mögliche Lösungen:*
Niklas' Eltern haben vor Gericht gewonnen und eine Strafe für Karl erwirkt.
Der Terror ist gleich geblieben und Karl wurde nicht verurteilt.
Rocky hat sich von Karl abgewendet und sich mit Niklas verbündet.
Niklas ist sitzengeblieben und auf die Realschule versetzt worden.
Niklas und seine Familie sind weggezogen.
Karl hat zugegeben, dass er Niklas terrorisiert hat, und sich für alles entschuldigt.

Könnte besser sein! – Einen Lexikonartikel überarbeiten ▶ S. 30

1 Bei der Überarbeitung des Artikels sind Ungenauigkeiten im einführenden Teil und in der Darstellung des Inhalts zu korrigieren, punktuell sind sicherlich auch Ergänzungen möglich. Der Abschnitt zur Erzählweise müsste vollkommen überarbeitet werden, da er sachlich falsch ist. Der letzte Abschnitt wiederum wäre sprachlich zu überarbeiten und zu ergänzen.

Der Autorin auf der Spur – Eine Internetrecherche durchführen ▶ S. 31

2 *Wann und wo wurde Kirsten Boie geboren? Wo lebt sie heute?*
am 19. März 1950 in Hamburg geboren, lebt in der Nähe Hamburgs
Welche Ausbildung und welchen Beruf hatte Kirsten Boie, bevor sie Schriftstellerin wurde?
studierte Deutsch und Englisch, promovierte in Literaturwissenschaft, arbeitete als Lehrerin
Hat sie selbst Kinder? Wie viele? zwei Adoptivkinder
Wie hieß Kirsten Boies erstes Kinder- und Jugendbuch? „Paule ist ein Glücksgriff“ (1985)
Wie viele weitere Bücher hat Kirsten Boie geschrieben? rund 85
Nenne mindestens drei Titel weiterer Bücher außer „Nicht Chicago. Nicht hier.“. Z. B.: „Skogland“ (2005), „Alhambra“ (2007), „Seeräubermoses“ (2009)
Welches Buch von Kirsten Boie wird verfilmt? „Der Prinz und der Bottelknabe“
In wie viele Sprachen wurden Kirsten Boies Kinder- und Jugendbücher übersetzt? in über 20

Klassenarbeit 1: Einen Sachtext untersuchen ▶ S. 32

1
- ☐ Aggressivität gegenüber Gleichaltrigen und Erwachsenen
- ☐ insgesamt positive Einstellung zur Gewalt
- ☐ Impulsivität
- ☐ Wunsch, über andere Menschen Macht auszuüben
- ☐ kein Mitgefühl mit anderen
- ☐ hohes Selbstwertgefühl
- ☐ bei Jungen eine überdurchschnittliche große körperliche Kraft
- ☐ wenig Angstentwicklung
- ☐ bei anderen durchschnittlich beliebt, aber oft umgeben von zwei bis drei Mitläufern

3 Bei einer sachgerechten Bearbeitung der Aufgabe muss deutlich werden, dass die in Aufgabe 1 aufgelisteten Merkmale nahezu prototypisch auf Karl zutreffen. Die Qualität der Darstellung ergibt sich deshalb auch weniger aus dem Erkennen dieses Umstands als aus der nachvollziehbaren Absicherung aus dem Romanzusammenhang.

Klassenarbeit 2: Romanauszüge analysieren und vergleichen ▶ S. 33

1 In beiden Textauszügen geht es inhaltlich um die Entdeckung des aufgebrochenen Kaninchenstalls und das Verschwinden des Tieres. Vorangegangen sind die sich steigernden Gewalttaten Karls gegen Niklas. Nach dem Verschwinden von Rex entschließt sich Thomas zur Anzeige.

3 Im 2. Kapitel streut der Erzähler zunächst Informationen ein, die der Einführung der Figuren dienen und deren Beziehung zur Hauptfigur verdeutlichen („Der Vater.“; „Die Mutter.“). Diese Informationen benötigt er im 26. Kapitel nicht mehr. Im 2. Kapitel wird zunächst der Vater eingeführt mit einer Geste und Aussage, die seine ganze Hilflosigkeit zum Ausdruck bringt. Niklas' Mutter Karin übernimmt eher die Rolle der Trösterin. Im 26. Kapitel findet Thomas gar keine Erwähnung, die Beruhigungsgeste der Mutter wird durch das Adverb „hart“ verschärft. Das ist insofern aus dem Kontext heraus schlüssig, als im Vergleich auch Niklas' emotionaler Ausbruch deutlich stärker ist und in „einen Ton abgrundtiefen Schmerzes“ mündet, sein Leiden also stärker dargestellt wird als zu Beginn des Romans. Das hat auch etwas damit zu tun, dass nun die Gewissheit formuliert wird, Karl habe „es also getan“. Diese Aussage des Erzählers korrespondiert mit der erst kurz zuvor geschilderten Textpassage (S. 125), in der Karls Anruf wiedergegeben wird, in dem er nicht nur die Tötung des Kaninchens ankündigt, sondern auch Niklas selbst mit Tötung droht.